BIBLIOTECA DE **IDEAS**
de Especialidades Juveniles

juegos
para refrescar tu ministerio

BIBLIOTECA DE **IDEAS**
de Especialidades Juveniles

juegos
para refrescar tu ministerio

Vida®

La misión de Editorial Vida es ser la compañía líder en satisfacer las necesidades de las personas con recursos cuyo contenido glorifique al Señor Jesucristo y promueva principios bíblicos.

JUEGOS
Edición en español publicada por
Editorial Vida – 2004
Miami, Florida

©2004 por Especialidades Juveniles

Originally published in the USA under the title:
GAMES
Copyright © 1977 by Youth Specialties
Published by permission of Zondervan, Grand Rapids, Michigan.

Traducción y edición: *Omayra Ortíz*
Diseño interior: *Ruth Irenne Madrigal Chinchilla*

ISBN: 978-0-8297-3908-4

CATEGORÍA: Vida cristiana / Crecimiento personal

IMPRESO EN ESTADOS UNIDOS DE AMÉRICA
PRINTED IN THE UNITED STATES OF AMERICA

12 13 14 15 ❖ 15 14 13 12 11

CONTENIDO

JUEGOS PARA ESPACIOS PEQUEÑOS

VARIACIONES DEL TENIS DE MESA (PING-PONG)

JUEGOS DE VOLEIBOL

JUEGOS
CON GLOBOS

Dos veces más divertidos que las reuniones de la junta de oficiales de la iglesia y la mitad de acalorados, los juegos con globos son una forma económica de pasar un buen rato. Sea el objetivo mantenerlos en el aire o explotarlos como granitos en la noche de graduación, la mayoría de estos juegos funcionan con grupos de cualquier tamaño. Para más juegos con globos, simplemente sustituye la pelota por un globo en la sección de juegos con pelotas.

VOLEIBOL CON GLOBOS

Este juego es como el voleibol pero se juega con un globo y sin la red. Forma dos equipos. Para preparar el área de juego, usa cinta adhesiva protectora (*masking tape*) para hacer una línea en el piso que divida en dos el área de juego. El largo de la línea en metros debe ser el doble de la cantidad de personas que formen los equipos. (Si el equipo es de diez personas, la línea debe ser de seis metros [diez personas, veinte pies]).

			centro del Equipo A			
EQUIPO A X	X	X	(X)	X	X	X
EQUIPO B O	O	O	(O)	O	O	O
			centro del Equipo B			

Divida el grupo en dos equipos y colóquelos uno frente al otro a lo largo de la línea (como si fuera la red). Los jugadores deben estar a 1.2 metros (cuatro pies) de sus compañeros de equipo y a 0.61 metros (2 pies) de la línea. Los jugadores no pueden moverse de esta posición, solo pueden levantar un pie para patear el globo, mientras el otro pie queda fijo.

El propósito es mover el globo de un lado al otro sin dejar que toque el piso del lado de tu equipo. El globo puede golpearse con las manos o patearse. Como ocurre con la bola en el voleibol, puede alternarse el contacto con la bola entre los jugadores del mismo equipo, pero un jugador no puede tocar el globo dos veces seguidas. A diferencia del voleibol, sin embargo, los equipos no tienen el límite de tres contactos para poder pasar la bola sobre la línea al otro equipo.

El jugador en el medio de la línea de cada equipo es el «centro». Cada jugada comienza con uno de los centros sirviendo, al darle al globo para pasarlo sobre la línea hacia el otro equipo. El equipo que ganó el punto en la jugada anterior es el que sirve. Un equipo anota un punto cuando el globo toca el piso en el lado del equipo contrario. No hay jugadas «fuera de la cancha», por lo tanto, si la pelota pasa por encima de la cabeza de los jugadores y está fuera de su alcance, el otro equipo anota un punto. Un equipo también anota cuando un jugador del equipo contrario hace contacto dos veces seguidas con el globo o se sale de su posición.

Necesitará globos adicionales en caso de que uno se explote y un árbitro para asegurarse que los jugadores se mantengan en sus posiciones. *Phil Blackwell*

RELEVO: BALANCEA EL GLOBO

Forma varios equipos y entrégale a cada uno una gorra

de béisbol o una gorra de pintor. El primer jugador de cada equipo toma la gorra y balancea sobre ella un globo inflado (se permite hacer rebotar el globo sobre la gorra). Entonces los jugadores deben caminar hacia un punto a tres metros (diez pies) de distancia y regresar, mientras balancean el globo sobre la gorra. Luego, usando sus manos, pasan el globo y la gorra al siguiente jugador en fila y este hace lo mismo.

Si a un jugador se le cae el globo o lo toca con cualquier parte del cuerpo, debe empezar otra vez. El primer equipo en el que todos los jugadores completen el circuito será declarado como el campeón mundial del relevo del balanceo del globo. *Michael Frisbie*

BALONCESTO CON GLOBOS

Divide el grupo en dos equipos iguales. Acomoda sillas como se muestra en el diagrama: una de espalda a la otra, con excepción de las dos filas exteriores que miran hacia adentro. Un equipo mira en una dirección y el segundo equipo mira en la dirección contraria.

Después de que todos los jugadores estén sentados, lanza un globo hacia el centro de las sillas. No se permite que los jugadores se paren mientras tratan de pegarle al globo con las manos para meterla en la zona final de su equipo. Tan pronto el globo entra en la zona final so-

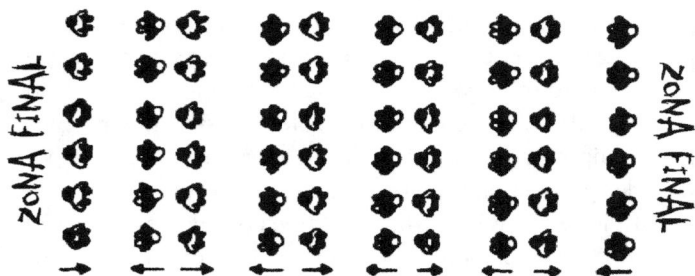

bre las cabezas de la última línea de jugadores, el equipo correspondiente anota dos puntos. Si el globo se sale del alcance de los jugadores, sencillamente lánzala otra vez al centro. El juego termina a los veinte puntos o a los quince minutos, lo que ocurra primero.

RELEVO: ¡PASA EL GLOBO!

Cada equipo forma una fila (cola) sencilla. Los jugadores deben alinearse lo más juntos posible. Deben separar un poco las piernas para que puedan golpear un globo con las manos a lo largo de la fila, a través de las piernas. Esto no es fácil si todos los chicos están parados juntos. La persona al frente de la fila comienza a pasar el globo hacia atrás y cuando llegue al último jugador, este la lleva al frente y se coloca en esa posición. El juego continúa hasta que el equipo vuelve a estar en las posiciones originales. *David Parke*

REVIENTA LOS GLOBOS

Cada jugador debe atarse un globo a la cintura, de tal manera que quede colgando por detrás. Trata de reventar el globo de los demás con un periódico enrollado sin dejar que nadie reviente el tuyo. Ganas si eres la última persona con un globo inflado. (Las únicas armas permitidas son periódicos.)

CUIDA TU GLOBO

Infla un globo y átalo a tu tobillo con un hilo. Trata de pisar y reventar el globo de todo el mundo mientras mantienes el tuyo inflado. Ganas si eres la última persona con un globo inflado.

O trata el mismo juego usando una luz intermitente de las que se usan en las discotecas (las que prenden y apagan de forma rápida dando la impresión que todo se mueve muy lento). De hecho, usar este tipo de luz es una excelente variación para juegos como hockey con aire, ping-pong y guerras con almohadas.

O conviértelo en un juego entre equipos usando colores, para lo que necesitarás muchos globos en distintos colores. Divide al grupo en equipos y asígnale un color a cada uno: rojo, verde, naranja, amarillo, etc. Dale a cada equipo la misma cantidad de globos de su color. Por ejemplo, dale al equipo rojo veinte globos rojos. Lo primero que deben hacer es inflar todos los globos y amarrarlos. Cuando comienza el juego, todos los equipos deben soltar sus globos en el piso y el objetivo es tratar de pisar y reventar todos los globos que no son de tu equipo mientras tratas de proteger los de tu color. Cuando se termine el tiempo (dos o tres minutos deben ser suficientes), no se pueden reventar más globos y cada equipo recoge los globos que quedaron sin reventar de su respectivo color. Gana el equipo que tenga la mayor cantidad de globos. *David Coppendge y Christine R. Rollins*

BUSCA TU PAREJA EN EL GLOBO

Esta es una forma muy creativa de poner a los jugadores en parejas para competir. La mitad de las personas del grupo escriben sus nombres en papelitos y luego los meten dentro de unos globos (un solo nombre por globo). Infla los globos y amárralos. La otra mitad del grupo toma un globo al azar, lo explota, y se empareja con la persona que dice el papelito que está dentro del globo. Pierde la última pareja en emparejarse.

CÍRCULO DE COMPAÑEROS CON GLOBOS

Este es un juego bajo techo para grupos bastante grandes (veinte jugadores o más). Divide a los chicos en grupos de más o menos cuatro a seis jugadores. Coloca una silla en algún lugar del salón por cada grupo que tengas. Pon muchos globos vacíos en cada silla y luego pídele a cada grupo que forme un círculo apretado en el centro del salón, pasando los brazos por encima del hombro del compañero.

Cuando digas «¡Ya!», cada grupo debe caminar arrastrando los pies y sin soltarse hacia una de las sillas. Una persona de cada grupo toma un globo, lo infla y lo amarra y lo deja caer en el medio del círculo de compañeros. Cada equipo debe evitar que su globo se caiga al piso apretandolo contra sus estómagos. Mientras hacen esto, también deben ir moviéndose hacia otra silla para repetir el proceso. Cuando lleguen a la segunda silla, deben inflar dos globos; en la tercera silla, tres globos y así sucesivamente. Todo está ocurriendo mientras intentan mantener su círculo apretado de compañeros y sin dejar caer los globos al piso.

Si un globo se cae, el grupo debe parar y ponerla en el medio otra vez (lo que toma tiempo). Un grupo no puede ir a una silla donde ya esté trabajando otro grupo. Pida que paren a los tres minutos, cuente cuántos globos tiene cada grupo en el medio de su círculo, anuncie un ganador y ¡empiece otra vez! *Michael Capps*

RELEVO: CORRE, INFLA Y REVIENTA EL GLOBO

Cada equipo debe formar una fila detrás de una línea de partida. Coloca una silla a unos nueve metros (treinta pies) de distancia. Dale a cada jugador un globo vacío. Uno a la vez, los chicos corren a la silla, inflan el globo, lo amarran, lo revientan sentándose en él y regresan al final de la fila de su equipo. El primer equipo que reviente todos sus globos es el ganador.

GLOBO DE AQUÍ PARA ALLÁ

¿Te acuerdas de aquel globo que sobró en la fiesta que cuando niño tratabas de mantener rebotando sin que se cayera al piso? Lo que era un entretenimiento para los días lluviosos todavía hoy día funciona con los grupos de jóvenes.

Formalicemos un poco el juego: Forma dos equipos que van a tratar de mantener el globo lejos del equipo contrario, pide a los equipos que alternen las pegadas (sólo un golpe por equipo), y prohíbe que le peguen al globo para que vaya directo al piso.

El sistema de puntuación puede ser de esta forma: Si se golpea intencionalmente el globo para que toque el piso, es un punto para el oponente, de igual manera si los jugadores del mismo equipo le dan al globo dos veces consecutivas. Si el globo cae al piso, el punto es para el equipo contrario del último que tocó el globo.

Variación: En lugar de que los dos equipos estén mezclados en el área de juego, colócalos en los lados opuestos de una zona prohibida de dos metros (seis pies) de ancho y permite —al estilo voleibol— dos golpes por equipo (por diferentes jugadores) antes de pasar el globo por la zona prohibida. Más de dos golpes por equipo o más de un golpe por jugador representa un punto para el equipo contrario. Si el globo cae en la zona prohibida, el punto corresponde al equipo contrario del último que le pegó. Un equipo sirve hasta que pierda un punto.

* Globo de aquí para allá... ¡con ropa!: Para esta variación, cada equipo necesita una caja con la misma cantidad y estilo de piezas de ropa y objetos: una chaqueta vieja, guantes, sombrero, botas, jeans, etc. Mientras los jugadores corren en turnos hacia la caja y luego se visten y desvisten con la ropa vieja, deben mantener el globo en el aire. Si el globo toca el piso, tienen que empezar a vestirse otra vez. *Julie D. Anderson, Karen Friday, y Len y Sheryl DiCicco*

UN CAPITÁN Y MUCHOS GLOBOS REVENTADOS

Divide al grupo en dos equipos y elige un capitán para cada uno. Organiza los equipos tal como se ilustra en el diagrama.

```
      ○  ●  ◐  ●  ○  ●  ○  ●  ○  ●
○
CAPITÁN   ●  ○  ●  ○  ●  ○  ●  ○  ●  ○    CAPITÁN
```

Cada equipo tratará de darle al globo en dirección a su capitán, quien entonces trata de reventar el globo con un alfiler. El equipo se anota un punto cada vez que el capitán explota un globo. Los jugadores deben permanecer sentados y usar solo una mano. *Kathie Taylor*

ALFILERES Y GLOBOS

Este es un jueguito bastante divertido que puede llevarse a cabo con tan solo cuatro jugadores o puede usarse en grupos grandes en forma de relevo.

Cada equipo tiene uno de sus miembros sentado en una silla con una gorra de béisbol con un alfiler pegado en la parte de arriba y que solo sobresale un poco. Si se juega al estilo relevo, cada persona en el equipo tiene un globo con un pedazo de cordón amarrado y se para a corta distancia del que está sentado con la gorra. Entonces los jugadores tiran los globos a las gorras de modo que los alfileres los revienten. Cada persona debe mantener en la mano el cordón de manera que pueda halar el globo en caso de que falle. Tan pronto

se explota el globo, le toca el turno al siguiente jugador, y así sucesivamente hasta que todo el equipo haya explotado su globo.

Debes intentar esto varias veces antes de jugarlo para que determines la distancia apropiada entre el jugador y la silla. Debe ser difícil de lograr pero no imposible. *Ira Pacheco*

RELEVO: SUCCIÓN DE GLOBOS

Antes de que empiece tu reunión, corta un pedacito de la punta de un vaso en forma de cono (aproximadamente .6 cm [.25 pulgada]) y llena varios globos de quince centímetros (seis pulgadas).

Divide tu grupo de jóvenes en dos equipos iguales y organízalos en dos líneas paralelas. Entrégale un cono a cada jugador y pon un globo a los pies del primer jugador en la fila. Coloca cinta adhesiva o cualquier otra marca en el piso aproximadamente a nueve metros (treinta pies) de las dos filas.

Cuando suenes el silbato, la primera persona en cada fila debe doblarse, inhalar a través de la parte pequeña del cono para succionar el globo y pararse derecho. Los jugadores no pueden echar la cabeza para atrás. Los jugadores tienen que correr hacia la meta y regresar, y luego pasarle el globo a la siguiente persona en la fila. No se permite usar las manos en la transferencia. Si se cae el globo, el corredor solo puede recogerlo succionando a través del cono. El equipo que termine primero es el ganador. *Tony Avila*

BARRIDA DE GLOBOS

Esta es un relevo en el que los jugadores tienen que manejar un globo ida y vuelta desde la línea de partida pasando alrededor de un obstáculo, usando una escoba para barrer. Es mucho más difícil de lo que te imaginas. Forma equipos de pocos jugadores para cada relevo.

CACERÍA DE GLOBOS A CIEGAS

Comienza por colocar globos en lugares al azar en un salón grande o en un terreno al aire libre (si es al aire libre, quizás necesites sujetarlos de alguna manera). Cada equipo escoge a un jugador para ser el cazador. También tienen que escoger a otras dos personas como los guías. Cúbrele los ojos a los cazadores. Cuando des la señal, los cazadores tratarán de encontrar tantos globos como les sea posible (todos los equipos a la misma vez). Los guías no pueden tocar al cazador ni los globos. Solo pueden dar instrucciones verbales para dirigir a los cazadores a los globos. Puede jugarse por el tiempo que estimes necesario. El propósito es que los cazadores encuentren la mayor cantidad de globos posible y las lleven al punto de partida (sin reventarlas). Deben contarse en la línea de partida. Mantener a los jugadores informados sobre el tiempo que resta es importante en este evento. *Doug Dennee*

RELEVO: CAÍDA DE GLOBOS

Todo lo que necesitas para este juego son cuarenta o más globos inflados (redondos) y dos o más equipos, cada uno con «lanzador» (persona que deja caer los globos) parado en una silla. Coloca los globos en una caja, acomoda a los equipos en filas y ya estás listo.

La idea es pasar el globo al otro lado lo más rápido posible. Antes de comenzar la competencia, los lanzadores se paran en la silla con un globo listo para soltar. Dos jugadores de cada equipo deben estar sentados en el suelo, espalda con espalda, delante del lanzador, dejando espacio entre ellos para el globo. La pareja se para con cuidado, manteniendo el globo entre sus espaldas, y se las arregla para llevar el globo al otro extremo y echarlo en la caja.

A la llegada, el lanzador suelta otro globo a la siguiente pareja y así sucesivamente hasta que todo el equipo llega al otro lado. Si el globo se revienta o se cae al piso antes de llegar a la meta, la pareja tiene que regresar a la línea de partida y empezar otra vez. El lanzador puede soltar tantos globos como sean necesarios hasta que coloque uno en la posición deseada por la pareja. ¡Este relevo resulta divertido tanto jugarlo como mirarlo! *Tom Bougher*

GLOBO DE UNA CABEZA A OTRA

Para este sencillo juego, coloca a dos jugadores uno frente a otro, a 1.2 metros (cuatro pies) de distancia aproximadamente. Infla un globo y haz que uno de los jugadores le pegue con la cabeza y lo pase a la cabeza del otro jugador. El segundo jugador le pega al globo con la cabeza y lo vuelve a pasar al primero, y así sucesivamente. Mira cuantas veces pueden pasarlo de un lado al otro sin que se les caiga.

Solo pueden darle al globo con la cabeza. Puedes variar la distancia para hacerlo más fácil o más difícil. Cada jugador puede mover solo el pie izquierdo al tratar de pegarle al globo. El pie derecho debe permanecer en el suelo. Pueden girar sobre el pie derecho, pero no se permite saltar.

Una variación de este juego es formar dos equipos y organizarlos en fila, con una distancia entre jugadores de aproximadamente 1.2 metros (cuatro pies). Cada equipo debe pasar el globo, de una cabeza a otra, a lo largo de la fila hasta el final. Otra vez, el pie derecho debe permanecer en el piso. Si se les cae el globo, el equipo tiene que volver a empezar. El primer equipo que lo logre es el ganador. *Scott Rokely*

ACERTIJO ESCONDIDO ENTRE GLOBOS

Entre los adolescentes siempre hay uno que sabe dibujar, o que por lo menos se la pasa escribiendo con letras raras las Biblias de los demás. ¡Llegó el momento de usar la creatividad de los chicos! Pídele a uno de los muchachos que te ayude a crear una «frase misteriosa» en un cartel grande para pegarlo en el tablón de edictos o en la pared del salón. La frase u oración podría ser un refrán popular, una línea de alguna canción, el título de una película o un versículo de la Biblia. Luego, pegue con cinta adhesiva transparente globos inflados de manera que cubras todo el acertijo.

Cuando sea el momento de jugar, divida el grupo en dos o tres equipos. Los equipos tomarán turnos para tirar dardos a los globos. Cuando un jugador logre explotar un globo, se le otorgan quince segundos para tratar de solucionar el rompecabezas. El equipo solo puede

Relevo: Caída de globos

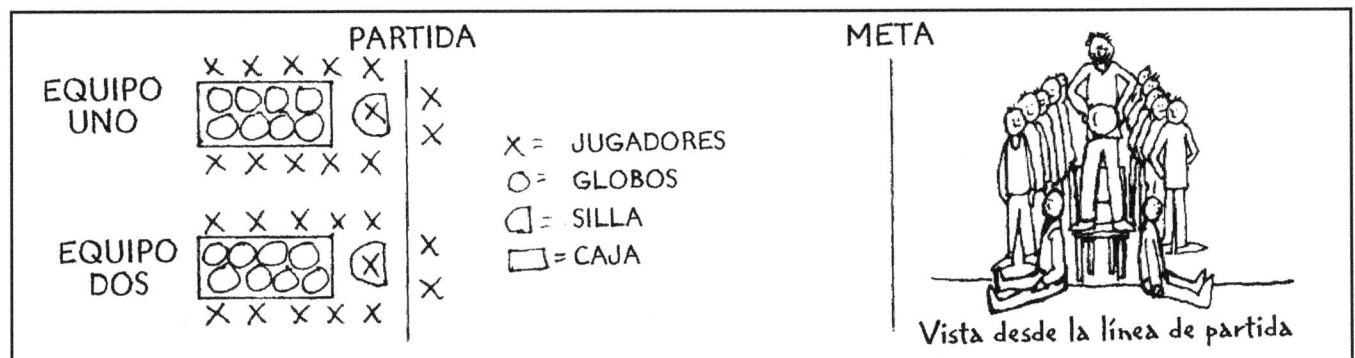

Vista desde la línea de partida

intentar adivinar la frase cuando uno de sus miembros haya reventado un globo. El equipo ganador es el que resuelva con éxito el acertijo.

Si no logra explotar ningún globo o no pudieron adivinar qué es lo que dice la frase, será el turno del equipo que sigue, y así sucesivamente hasta que algún equipo adivine o descubra toda la frase y sea el ganador. *Jim Bell*

DEJA VOLAR EL GLOBO

Divide al grupo en equipos y entrégale a cada jugador un globo desinflado. Organiza los equipos para un relevo, con una línea de meta a 4.5 metros (15 pies) de distancia. Cuando des la señal, la primera persona de cada equipo sopla su globo y luego lo suelta. El globo volará por los aires. Esa persona se mueve hasta el punto donde aterrice el globo, para, infla el globo y lo suelta. El propósito es llevar el globo hasta la meta, correr hacia atrás y tocar al próximo jugador de su equipo, que hace lo mismo hasta que termine el relevo. El juego es realmente una locura pues no hay forma de predecir dónde va a aterrizar el globo. Es particularmente divertido e interesante cuando se juega al aire libre pues hasta la más mínima brisa puede llevarse el globo en una dirección diferente. *Judy Groen*

ABANICA EL GLOBO

Cada equipo recibe un globo inflado y un abanico (un pedazo de cartón). A la señal, un jugador de cada equipo empieza a abanicar el globo, sin tocarlo, y debe llevarlo hasta la meta y volver a la fila. El globo no puede tocar el piso. Los jugadores se siguen pasando el abanico hasta que el primero que lo logre se declare ganador.

PELOTA DE GLOBOS

Para este juego, necesitas llenar con globos (inflados) una bolsa plástica de basura grande. Ciérrala con un alambre para ese propósito. Ahora ya tienes una «pelota de globos». A continuación un juego muy emocionante para que los pongas en uso:

1. Pídele a todos los jugadores, con excepción de diez, que formen una círculo grande arrodillándose en el piso. Entonces, los otros diez jugadores deben formar un una rueda (*pinwheel*) en el centro del círculo, acostándose de espaldas con las cabezas hacia el centro.

2. Todos deben quitarse los zapatos para mejores resultados.

3. Tira la pelota de globos dentro del círculo. El propósito es que los chicos acostados pateen o le peguen a la pelota hasta sacarla del círculo, por encima de las cabezas de los jugadores del círculo exterior. Los jugadores del círculo exterior tratan de mantenerla en juego. Si la bola es pateada sobre la cabeza de uno de los jugadores del círculo exterior, entonces él o ella debe tomar el lugar de la persona del círculo interior que la pateó. Juégalo todo el tiempo que quieras. *David Washburn*

GLOBO DE CABEZA EN CABEZA

Dale a cada equipo (siete a diez personas por equipo) un globo en forma de pera. Los equipos forman círculos y tratan de mantener el globo en el aire usando solo sus cabezas. En este juego, la cabeza es la única parte del cuerpo que los jugadores pueden usar para pegarle al globo. Si el globo cae al suelo, recógelo y comienza otra vez. El equipo con la mayor cantidad de golpes consecutivos es el ganador. *Michael Frisbie*

PAREJAS EXPLOSIVAS

Esta loca carrera de relevos es tan divertida jugarla como mirarla jugar y funciona muy bien con grupos grandes. Todo lo que necesitas es una caja de globos pequeños y varios tubos de gomas limpios (de los que vienen dentro de las llantas de auto).

Divide al grupo en varios equipos iguales de veinte o más jugadores. Organízalos en fila detrás de la línea de partida y llegada, y que cada jugador tenga una pareja. Coloca un montón de globos para cada equipo a unos 15 metros (50 pies) de esa línea. Asegúrate de tener suficientes globos en cada montoncito (uno para cada jugador).

Explica que cada pareja debe correr hacia su montoncito de globos, tomar uno, llenarlo y luego explotarlo con los pies antes de regresar para tocar a la siguiente pareja de su grupo. Sin embargo, ¡esto se complica! La pareja de jugadores debe pararse espalda con espalda y poner el tubo de goma alrededor de ambos, a la altura de la cintura. Con uno de los jugadores corriendo de frente y el otro de espaldas, los compañeros corren a su montoncito de globos. Cada uno debe doblarse, tomar un globo, llenarlo y explotarlo con sus pies, mientras el compañero está tratando de hacer lo mismo. El tubo de goma debe mantenerse todo el tiempo a la altura de la cintura. Luego de reventar ambos globos, los jugadores pueden regresar a la línea y tocar a la siguiente pareja del relevo. La persona que ahora corrió mirando hacia el frente, ahora debe correr de espaldas y viceversa. El ganador es el equipo que cruce a todos los jugadores por la línea de partida y llegada.

Para más variedad, usa dos tubos de goma por pareja en lugar de uno. *Mark W. Kaat*

CREMA DE AFEITAR Y GLOBOS: ¡TREMENDA COMBINACIÓN!

En la próxima actividad en la que quieras hacer un divertido desorden, llena varios globos grandes con crema de afeitar y pídele a varios chicos que se tiren los globos. El juego no tiene necesariamente que tener puntuación, es solo para pasar un buen rato. También puedes llenar los globos con crema batida (*whipped cream*) o cualquier cosa que venga en una lata presurizada. Todo lo que necesitas es paciencia para llenar los globos y luego para ¡la limpieza! *Michael Frisbie*

¡A PERIÓDICO LIMPIO!

Primero reúne todo lo que necesitas para este juego de «romper el hielo»:

- Un globo para cada jugador (todos del mismo color)
- Periódicos
- Un papelito para cada jugador
- Un cordón de 15cm (6 pulgadas) para cada jugador
- Bolígrafos

Pídele a los jugadores que escriban en el papelito algo sobre ellos mismos que nadie más conozca: una destreza especial, un recuerdo, un viaje, etc. Luego, deben enrollar el papelito, meterlo dentro de un globo e inflarlo. Mezcla los globos. Los jugadores pueden escoger cualquier globo y atárselo a la espalda con el cordón usando las pestañas del pantalón por donde se pasa la correa. Entrégale a cada jugador una sección del periódico y pídeles que la enrollen... ¡ahora comienza la acción! Los participantes deben tratar de reventar los globos en la espalda de los otros jugadores.

Cuando se haya explotado hasta el último globo, todos los jugadores deben haber sacado del globo un pedacito de papel. Reúne al grupo en un círculo y pídeles que tomen turnos para leer los distintos papelitos con información y tratar de adivinar de quién se trata. El jugador que está leyendo debe hacer varios intentos antes de que los compañeros de grupo puedan ayudarlo. El que escribió el papelito puede explicar más sobre lo que escribió. *Russell Waddell*

GLOBOS PEGAJOSOS

Pídeles a los participantes que escojan una pareja de equipo y hagan una fila detrás de una línea a un lado del salón. Dispersa globos inflados al otro lado del salón. Dale a cada pareja un rollo de cinta adhesiva (*masking tape*) y diles que cuando digas «¡ya!» deben poner la cinta adhesiva alrededor de la cintura del que cumpla años más cerca al día de hoy (fecha en que está haciendo el juego). El equipo debe usar todo el rollo de cinta adhesiva y poner la parte pegajosa hacia fuera. Cuando la cinta adhesiva se haya acabado, los jugadores con la cinta adhesiva en la cintura deben caminar como «cangrejos» (¡en cuatro patitas!) hacia los globos y traer tantos globos como pueda a su compañero que lo espera en la línea de salida. Importante: no puede usar las manos. El compañero que está esperando debe reventar los globos y conservar el anillo del globo (por donde se infla) para verificar el número de globos traídos. Los globos que se exploten en la cinta adhesiva no cuentan. La pareja con más anillos de globo es la ganadora.

Este es un juego que vale la pena grabar en cinta de video. Los muchachos terminan tan mareados luego de darle vueltas a la pareja para enrollar la cinta adhesiva, que pasan mucho trabajo terminando la carrera. *Keith Posehn*

GLOBO Y TALCO: ¡PELIGRO!

¿Recuerdas el juego en el que dos equipos halaban una cuerda mientras estaban parados en un charco de lodo? Esta es la misma idea —hazlo a otros antes que te lo hagan a ti—, excepto que el castigo para los que pierdan no es el lodo, sino un globo lleno de talco que te explota en la falda.

Reúne los siguientes materiales:

- Dos mangueras plásticas de 2 cm (3/4 de pulgada) de diámetro por dos metros (6.5 pies) de largo.
- Dos globos grandes por ronda (los del tipo bien resistente funcionan muy bien)
- Polvo talco
- Cinta adhesiva con fibras (tiene que ser resistente)
- Dos sillas
- Dos pares de anteojos de seguridad
- Dos voluntarios

Llena los globos de talco hasta la mitad de su capacidad. Mete un pedacito de la manguera dentro del globo y séllalo con la cinta adhesiva resistente para que el aire no se salga ni el globo salga volando. Sienta a los chicos en las sillas, dándose la espalda.. Dale a cada jugador el otro extremo de la manguera para que soplen, y pega con cinta adhesiva, al muslo del oponente, el extremo donde está el globo. (Asegúrate que lo que estás pegando al muslo es el tubo y no el globo.) El ganador es... bueno, el que no esté blanco. *Matt Klein*

JUEGOS DE

BALONCESTO

Algunos de estos juegos son ligeras variaciones del popular deporte de la bola y la canasta tal como lo conocemos. También hay otras formas más difíciles de reconocer que ni siquiera necesitan una cancha o la bola oficial de baloncesto. Otros son una terrible combinación entre el baloncesto y, digamos, béisbol o voleibol. ¡Pero todos son tremendos canastazos!

BALONCESTO SIN REBOTES

Si tienes un salón grande y puedes instalar un tablero y una canasta de baloncesto en cualquiera de los dos lados (o construir una versión simple y portátil) su grupo puede sentir todo el entusiasmo de un partido de serie final. Crea dos equipos que tengan nombres y animadoras. Organiza varios grupos de cinco jugadores por equipo que se roten para jugar cada varios minutos, para que así todos tengan la oportunidad de participar. Usa una bola que no rebote, por ejemplo, una

bola de fútbol. Usa árbitros para mantener el orden y la fluidez del juego. Y como tal vez las canastas sean frágiles, marca con cinta adhesiva un área a 1.2 metros (cuatro pies) frente a cada canasta y explica que cualquier bola que pase de allí se considerará fuera de juego.

Otras reglas para mantener la actividad en el juego:
- Como la bola no rebota, los jugadores tienen que pasarla después de dar tres pasos.
- No se puede tocar al oponente.
- No puede jugarse rudo.
- El juego se para con el silbato del árbitro y se debe entregar la bola al árbitro (violaciones a esta regla resultarán en una sanción).
- Todas las sanciones conllevarán una tirada libre (los jugadores a cargo de estas tiradas deben rotarse).
- Las decisiones de los árbitros son finales.

¿Quieres un final apropiado y «de locos»? ¡Invita a todos los jugadores a la «cancha» para el último minuto de juego! *Jim Reed*

LANZAMIENTOS EXPLOSIVOS

Forma dos equipos y pídeles que se paren en fila detrás de la línea de tiro libre a un lado de la cancha de baloncesto. Cada equipo debe nombrar un «inflador de globos». A la señal, la primer persona en la fila hace un lanzamiento desde la línea de tiro libre o va hacia la canasta rebotando la bola, se acerca lo más que quiera y luego la tira. El segundo jugador debe esperar detrás de la línea de tiro libre hasta que el primer jugador le pase la bola. Después de lanzar, los jugadores vuelven a la fila. Cada vez que un jugador encesta, el «inflador de globos» del equipo puede soplar una vez el globo. Gana el equipo que primero logre reventar el globo. Si quieres extender el juego, puedes darle dos o tres globos a cada equipo. *Jon Hantsbarger*

ARRIBA Y ABAJO

Este es un relevo sencillo en el que dos equipos se alinean en dos filas paralelas. Cada equipo debe tener la misma cantidad de jugadores. Entrégale una (o varias) bola(s) de baloncesto al primer jugador en cada fila. A la señal, el primer jugador le pasa la bola al segundo jugador por *arriba de su cabeza*. El segundo jugador recibe la bola por arriba, pero la pasa por abajo, entremedio de las piernas; el tercer jugador la recibe por debajo pero la pasa por arriba y así sucesivamente hasta que llega al último jugador. El primer equipo que logre llevar la bola hasta el final de la fila es el ganador.

ENREDO EN LA CANCHA

Esta es un juego de baloncesto mixto en el que pueden participar chicos y chica de escuela intermedia y de escuela superior. Divide el grupo en dos equipos. Trata de distribuir a los varones, las chicas, altos, bajitos, adolescentes y jóvenes de más edad de forma equitativa entre los dos equipos para que la competencia sea lo más justa posible. Además, cada equipo debe tener un adulto como capitán para que los organice. No importa la cantidad de jugadores que tengas, y hasta los líderes pueden jugar.

Dale a cada jugador de cada equipo un brazalete de un color distintivo. Debes tener también un árbitro, a alguien que lleve la cuenta de los puntos, uno que lleve la cuenta del tiempo y cualquier otro oficial que creas necesario.

El partido se juega sin parar: siete períodos, un juego de veintiún minutos. Cada período consta de tres minutos e incluye a jugadores de una categoría en particular o una mezcla de varias, por ejemplo:

- Jugadores mixtos (chicos, chicas, adolescentes, jóvenes): cinco jugadores por equipo en la cancha. solo las chicas pueden encestar.
- solo adolescentes (en escuela intermedia [en los EE.UU., son los estudiantes del sexto al octavo grado])
- solo jóvenes (en escuela superior [en los EE.UU., son los estudiantes de noveno a duodécimo grado)
- solo chicas.
- solo chicos.
- Chicos y chicas mezclados. solo los varones pueden tratar de encestar y solo las chicas pueden llevar la bola. Las chicas deben tratar de llevar la bola hasta los chicos para que estos intenten encestarla. Cinco jugadores por equipo en la cancha.
- ¡Todos mezclados! El equipo completa juega en «el gran final». Si tiene jugadores que tienden a dominar el juego, puedes poner una regla de «alternar»: un chico tira a la canasta, luego una chica, luego un chico y así sucesivamente.

El reloj nunca se detiene. Para indicar el final de los tres minutos de un período usa una cuchara de madera para pegarle a la tapa de un sartén. Los capitanes de equipos deben tener una hoja con el orden en que entrarán a jugar los jugadores para facilitar la organización. Si un equipo encesta mientras el otro equipo se está organizando, el punto es válido.

El árbitro necesita un silbato, pero solo puede detener el juego en caso de una lesión. El árbitro puede cantar faltas si son serias y continuas. Ten presente que pueden haber jugadores que no saben jugar baloncesto, así que es posible que las faltas sean inevitables. Sin embargo, si se comenten faltas intencionales, sencillamente dele puntos al otro equipo en lugar de parar el partido para tiradas libres.

Le puedes asignar la cantidad de puntos que quieras a cada canasto o diferente cantidad de puntos en diferentes períodos. El ganador del partido puede ser el equipo con más puntos o el que gane las mayor cantidad de períodos.

Puedes ajustar las reglas que necesites para lidiar con los rebotes, los límites de la cancha, la rotación de jugadores, etc. El objetivo del juego es permitir que todo el mundo juegue y que pasen un buen rato. Cualquier cosa que puedas hacer para lograr esto está bien. *Mark Simone*

BALONCESTO SOBRE RUEDAS

Básicamente este es un partido de baloncesto con patines o *roller blades*. Es muy entretenido jugarlo como ver a otros jugar. No hay jugadas «fuera de la cancha» ni hay rebotes, pero sí aplican las otras reglas del baloncesto. Otros deportes (como el *softball* o el balompié también pueden jugarse sobre ruedas con excelentes resultados. Asegúrate de tomar las medidas de precaución adecuadas para evitar accidentes. *Joe Wright*

¡AGÁCHATE Y PÁRATE!

Divide a tu grupo en equipos (aproximadamente seis a diez jugadores en cada uno). Pídeles que elijan a un capitán por grupo. Organiza a los equipos en una línea recta de frente a su capitán (alrededor de 1.5 a 3 metros [cinco a diez pies] de los capitanes). El capitán le tira la bola a la primera persona en la fila, quien le devuelve el tiro y luego se pone en cuclillas (*squat*). Luego el capitán le tira la bola al segundo jugador en la fila, que hace lo mismo, y así sucesivamente hasta el final de la fila. El capitán, entonces, tira la bola por segunda vez a la última persona y esta se la devuelve, y se pone de pie. Se repite este proceso hasta que todo el mundo haya recibido un segundo pase, hasta el primer jugador de la fila. Cada vez que se cae la bola, el equipo tiene que empezar otra vez. El primer equipo que logre tener de pie a todos sus jugadores es el ganador.

Eddie Benton

VOLEIBÁSQUET

Para este juego necesitas un gimnasio o una cancha de baloncesto con sus dos aros, cuatro bolas de baloncesto y una bola de voleibol (o cualquier tipo de bola que sea liviana).

Divide a los jugadores en cuatro equipos. Cada equipo debe acomodarse en fila en una de las cuatro esquinas de la cancha, ordenados desde el más alto hasta el más bajo (ver el diagrama). Asígnale un número a cada jugador: uno para el más alto, dos para el que le sigue y así sucesivamente. (Para acomodar equipos disparejos, asígnale dos números a algunos jugadores.)

Ahora estás listo para empezar a jugar. Luego de asegurarte que todos los jugadores están sentados, grita un número: «¡Tres!», por ejemplo. Los cuatro jugadores con el número tres, se paran, toman sus bolas de baloncesto y las llevan al lado opuesto de la cancha sin dejar de driblarla. Solo cuando el jugador encesta, puede regresar corriendo, sin driblar la bola, y colocarla en el suelo.

Ahora es que entra en acción la bola de voleibol. El primer jugador que regrese la bola de baloncesto a su equipo, corre ahora al centro de la cancha, toma la bola de goma y comienza la segunda parte del juego. La bola tiene que pegarle a cualquier persona de un equipo contrario sin rebotar primero en el suelo. Cualquier persona que reciba el «bolazo» queda eliminado, a menos que la víctima deseada logre atrapar la bola. En este caso, se elimina el lanzador. ¡Ay del jugador que todavía esté tratando de encestar la bola mientras los otros tres ya están en la segunda etapa!

Cuando se eliminen tres jugadores en esta segunda etapa, el equipo del sobreviviente se anota un punto. Regresa a los jugadores y las bolas al punto de partida y luego grita otro número. Puedes jugar tantas rondas como quieras o hasta que un equipo llegue a una puntuación predeterminada. Con chicos driblando sus bolas en direcciones opuestas y dos de ellos tratando de encestar en la misma canasta, ha-

Voleibásquet

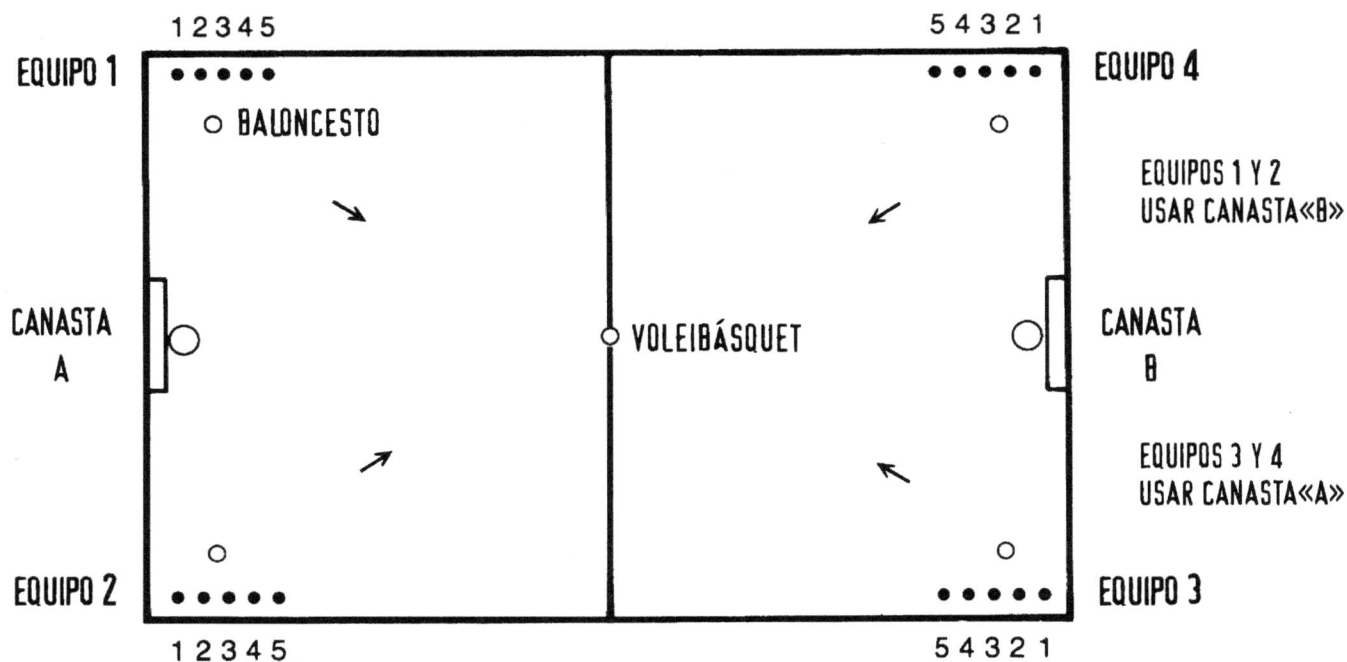

1 2 3 4 5   5 4 3 2 1

EQUIPO 1   ○ BALONCESTO   EQUIPO 4

EQUIPOS 1 Y 2 USAR CANASTA «B»

CANASTA A   ○ VOLEIBÁSQUET   CANASTA B

EQUIPOS 3 Y 4 USAR CANASTA «A»

EQUIPO 2   EQUIPO 3

1 2 3 4 5   5 4 3 2 1

brá algunos choques bastante divertidos.

Si tienes menos jugadores y solo una canasta, forma solo tres equipos que traten de encestar en la misma canasta. *Jeff Callen*

BALONCESTO «A LA BÁSKET»

Estas son las locas peculiaridades de esta variación del baloncesto: la bola se lleva sobre la cabeza en lugar de driblarla a lo largo de la cancha y se pasa al compañero de equipo rodándola por el piso. Los puntos se anotan encestando la bola «a la básquet»; o sea la bola entra en el aro de abajo hacia arriba. He aquí algunos detalles que deben conocer los jugadores:

• Los compañeros de equipo del jugador que pasa la bola pueden usar sus manos para recoger la bola y llevarla a lo largo de la cancha.

• Los oponentes del que pasa la bola, sin embargo, no pueden usar sus manos para interceptar una bola que ya ha sido pasada (está rodando). Deben atrapar la bola usando sus pies, y luego pueden usar las manos para levantarla del suelo y pasarla.

• Los tiros libres se harán de la siguiente forma: el lanzador rueda la bola por el piso a un compañero de equipo, este la recoge y hace un canasto «a la básket» (de abajo hacia arriba».

El juego termina cuando un equipo anota veintiún puntos. El punto impar se logra con un tiro libre. *Michael W. Capps*

BALONCESTO A CIEGAS

Necesitarás una bola, un canasto portátil y dos vendas para taparle los ojos a los jugadores.

Divide el grupo en dos equipos; uno defensa y el otro ofensa. Véndale los ojos a un jugador de cada equipo; ellos serán los que en realidad jueguen. Siguiendo las instrucciones del resto de su equipo, el jugador ofensivo con los ojos vendados trata de encontrar el aro y encestar la bola; el jugador defensivo —también vendado— haciendo su mejor esfuerzo por oír las instrucciones de su equipo, defiende el aro.

Juega en períodos de cinco minutos más o menos, luego los equipos defensivos y ofensivos se alternan y se vendan a nuevos jugadores. Además, mientras haces el cambio de equipo, mueve el canasto de modo que los jugadores no sepan dónde está.

Luego puedes referirte al juego cuando quieras ilustrar cómo se nos bombardea con distintos mensajes y por esto debemos ser selectivos con lo que oímos. *Randy Isola*

ARO HUMANO

Esta divertida versión de baloncesto puede jugarse en cualquier lugar abierto o en un salón grande. En vez de usar una bola regular de baloncesto, usa una más liviana, como las que usan los niños pequeños para jugar o una bola de goma. Puedes tener cualquier cantidad de jugadores en los dos equipos. En ambos extremos del área de juego, colocas a alguien parado sobre una silla aguantando un cesto de basura o un recipiente similar. Se inicia el juego con una bola al aire, como en un juego de baloncesto regular. Entonces, los jugadores tratan de mover la bola a través de la cancha para que alguna persona de su equipo pueda intentar un tiro al «canasto». El jugador parado en la silla puede tratar de ayudar moviendo el cesto de basura para tratar de atrapar la bola cuando la lanzan. Todos los tiros deben hacerse más allá de una línea de castigo a tres metros

(diez pies). La bola solo puede moverse por la cancha tirándola a un compañero de equipo o pateándola. No puedes correr ni caminar con la bola. Puedes anotar puntos como el baloncesto regular o puedes inventar tu propio sistema de puntuación. *Julie Von Vett*

BALONCESTO LOCO

Divide al grupo en dos equipos sin importar la cantidad de jugadores. Juega baloncesto en una cancha regular, pero sin las reglas normales del deporte. El objetivo es encestar la bola la mayor cantidad de veces, usando cualquier método que quieras. Pueden correr, pasar, driblar o tirar la bola sin ninguna restricción. Este juego funciona mejor con unos 50 a 200 jugadores.

BALONCESTO Y ROOT BEER

Este es un juego emocionante si tus jóvenes tienen el estómago (literalmente) para jugarlo. Necesitarás una bola de baloncesto, un canasto por equipo y doce onzas de *root beer* (bebida gaseosa a base de raíces; puede sustituirse por cualquier otra bebida que no tenga un sabor muy placentero) por cada jugador. Cada equipo debe tener la misma cantidad de jugadores. La *root beer* puede estar fría o a temperatura ambiente, pero debe verterse en una jarra y darse la misma cantidad a cada equipo. Cada equipo hace una fila y toman turnos para lanzar tiros libres al canasto. Es importante que se mantenga un orden estricto en los turnos al canasto. Todos los jugadores deben tener la oportunidad de lanzar la misma cantidad de tiros libres. El objetivo del juego es ser el primer equipo en vaciar la jarra bebiendo su contenido. Para lograrlo, debe seleccionarse a alguien que beba seis onzas (que deben echarse en un vaso), cada vez que un jugador enceste un tiro libre. Obviamente, la misma persona no siempre va a beber el líquido. Esta tarea deben compartirla (usando vasos individuales) todos los jugadores que puedan tolerar el arenoso líquido.

El juego también puede jugarse con dardos, bolas de nieve o cualquier cosa que se pueda dirigir a un blanco. Las reglas importantes son: (1) vaciar el recipiente de *root beer* en lugar de darle al blanco cierta cantidad de veces y (2) cada jugador tira al blanco en un estricto orden. *Lew Worthington*

BALONCESTO «A CABALLITO»

¿Te acuerdas de aquellos caballitos hechos con los palos de escoba? Todavía puedes comprarlos o hacerlos para este emocionante juego de baloncesto «a caballito». Se juega como cualquier otro partido de baloncesto, excepto que debes «montar» los caballitos para desplazarte por la cancha. No solo es divertido jugarlo, ¡es divertidísimo ser espectador! *Donna McElrath*

MARATÓN DE TIROS LIBRES

Si tienes acceso a una cancha de baloncesto, este es un buen juego para que cualquier persona pueda jugar y que permite que cada jugador entre en acción. Puedes jugar con tantos equipos como aros de baloncesto tengas, o si solo tienes un canasto, los equipos deben ir uno a la vez.

El equipo hace una fila en la línea de tiro libre y el primer jugador de cada equipo recibe una bola de baloncesto. A la señal, el jugador comienza a lanzar tiros libres sin parar, mientras un compañero de equipo se ubica debajo del aro para devolverle la bola lo más rápido posible. (La persona debajo del aro puede ser el

jugador que acaba de terminar sus tiros. De esta manera cada persona hace este trabajo una vez. Comienza con la última persona en la fila.) El jugador en la línea de tiro libre sigue haciendo tiros hasta que suena el silbato, entonces se convierte en el jugador que pasa las bolas desde abajo del aro, y la siguiente persona en línea comienza a lanzar lo más rápido posible.

El líder (persona encargada de sonar el silbato) debe sonarlo en intervalos de treinta segundos más o menos, o puede hacerlo en intervalos irregulares, dándole a algunos jugadores más tiempo que a otros. Esto último se aplica más cuando todos los equipos están lanzando al mismo tiempo. De esta manera un jugador no sabe exactamente cuando tiempo tiene para hacer sus tiros. Un anotador debe contar el total de tiros libres encestados, y el equipo que tenga la mayor cantidad luego de que todos sus jugadores hayan tirado, es el ganador. Para hacer este juego un poco más largo, juega cuatro cuartos, donde cada cuarto sea el tiempo en el que deben tirar todos los jugadores de cada equipo por lo menos una vez.

A continuación algunas otras variaciones:

• Dos equipos pueden jugar tres rondas, en lugar de sumar la cantidad de tiros encestados. En otras palabras, se declara un ganador después de cada ronda (cuarto) y el primer equipo en ganar dos cuartos es el campeón.

• Cada jugador puede lanzar cierta cantidad de tiros y luego comienza el siguiente jugador. En este caso, no es necesario el silbato. También, la ronda puede acabarse tan pronto como uno de los equipos termine de hacer todos sus tiros, aunque el otro equipo no haya terminado los suyos. Esto añade velocidad al escenario.

• También puedes hacer que un jugador siga tirando al aro hasta que enceste un tiro y entonces pasar al siguiente. Si lo haces de esta forma, cada ronda puede tener un límite de tiempo, digamos diez minutos, o el primer equipo en el que cada uno de sus jugadores logre encestar un tiro libre es el ganador de esa ronda. *Norma Bailey*

BALONCESTO Y BÉISBOL

Este es un juego para el que necesitas una cancha (o un gimnasio), dieciséis o más jóvenes y una bola de baloncesto. Un equipo se dispersa por la cancha mientras que el otro se acomoda para «batear» en una de las paredes de la cancha. El «bateador» toma la bola y puede patearla o tirarla en cualquier dirección (no hay límites). Inmediatamente él o ella corre hacia la pared más lejana, la toca y regresa corriendo a la pared «base». Mientras tanto, el equipo en el «parque» está siguiendo la bola y pasándola a un lanzador designado que está debajo del canasto cerca de su pared «base».

Si el lanzador puede hacer el canasto antes que el bateador toque la pared «base», el bateador sale del juego. Si el bateador llega primero a la base, su equipo se anota un punto por la «carrera». Luego de tres «outs», le toca el turno al otro equipo. Gana el equipo con la puntuación más alta luego de nueve entradas. *Chris Thompson*

DOBLE JUEGO... Y AL MISMO TIEMPO

Este juego se juega según las reglas regulares de baloncesto, excepto que se usan dos bolas al mismo tiempo y en la cancha hay dos equipos de diez jugadores. El juego comienza con brincos de bola a los dos extremos de la cancha. El juego con una bola no se para por acciones de los jugadores con la otra bola. Un equipo puede estar haciendo un tiro libre debido a una falta y el otro grupo puede llegar haciendo otra jugada.

Los equipos pueden dividirse de la forma en que deseen los jugadores: defensa hombre a hombre, súper zona de defensa, ocho contra tres u otras estrategias creativas. Mientras se desarrolla el juego, los equipos podrán determinar la mejor manera de acomodar sus defensas y ofensas.

Una variación es colocar el canasto a 2.5 metros (ocho pies) para evitar que los más diestros en el juego sean los únicos que lancen y para permitir más canastos espectaculares (*slam dunks*).

BALONCESTO SENTADO

Esta es una divertida versión de baloncesto usando una bola de goma y sillas. Elige dos equipos con la misma cantidad de jugadores y siéntalos en las sillas alternadamente (ver diagrama): dos líneas de jugadores mirándose. Para mejores resultados, los jugadores deben estar a una distancia mínima de dos brazos extendidos, hacia el lado y hacia el frente. Coloca un «canasto» (cubo pequeño, botella plástica de un galón con la punta cortada, etc.) en el piso a cada extremo de la doble línea, aproximadamente a 1.8 metros (seis pies) de los jugadores al final de las filas.

Las dos reglas básicas del juego son: (1) Las sillas no pueden moverse ni voltearse; (2) cada jugador debe mantenerse sentado mientras la bola está en juego.

Tira una moneda al aire para seleccionar al primer equipo que tendrá la bola. El juego comienza cuando el jugador que esté más lejos del canasto de su equipo recibe la bola de manos del árbitro. El equipo trata de hacer llegar la bola a su canasto pasándola de mano en mano, mientras que los oponentes tratan de evitar los pases y robar la bola. Cualquier jugador puede hacer un tiro al canasto y en cualquier momento, pero son obvias las ventajas de pasar la bola al jugador que está más cerca del aro. Si el otro equipo intercepta la bola, el juego continúa en la dirección opuesta.

Cuando se falla un intento al canasto, la bola pasa automáticamente al otro equipo y el juego sigue en la dirección contraria. Cuando se anota el canasto, todos los jugadores se mueven una silla hacia la derecha. Esto le dará a todos los jugadores la oportunidad de estar en la posición de lanzador privilegiado en algún momento del juego. Luego de la rotación, la bola pasa al otro equipo y se mueve en la dirección contraria.

Cualquier bola que se caiga dentro del área de juego es bola libre. Cualquier bola que salga del área de juego se entrega al jugador que esté más cerca del último jugador que la tocó.

Se pueden asignar castigos y tiros libres a jugadores que se levanten de sus sillas o usen rudeza innecesaria. Limita el juego usando un cronómetro de cocina para los cuartos o mitades, o estableciendo un límite de puntuación. *Ed Stewart*

BOLA «X» (EN EL PISO)

CANASTO «Y»

ROTACIÓN DESPUÉS DE ANOTAR CADA CANASTO

Frisbaloncesto

La próxima vez que tu grupo de jóvenes quiera jugar baloncesto, prueba este juego. En lugar de una bola de baloncesto usa un *frisbee* (plato volador) y la cantidad de jugadores que quieras en una cancha de baloncesto regular. Claro que no puedes hacer que un *frisbee* rebote, así que para que avance tienes que pasarlo. Los árbitros pueden cantar faltas, como por ejemplo: faltas personales, caminar o estar fuera de la cancha como lo harían en un juego de baloncesto regular. La puntuación se asignará de la siguiente forma: un punto por pegarle al tablero, dos puntos por pegarle al cuadrado en el tablero y tres puntos por encestar el *frisbee* dentro del aro (incluyendo los tiros libres). Duplica la puntuación por un tiro desde la mitad de la cancha o más lejos. ¡Asegúrate de estar en forma antes de intentar este juego! *Kim Hall*

Dentro y fuera de la cancha

He aquí un juego de baloncesto que incluye a todo el mundo, no solo a los baloncelistas competitivos. Después de dividir el grupo en dos equipos, cinco jugadores de cada equipo entran a la cancha y juegan baloncesto regular, pero no pueden driblar la bola. De hecho, no pueden moverse cuando tienen la bola en la mano.

Esta es la forma en que se moverá la bola por la cancha: el resto del equipo que no está en la cancha se esparce en ambos lados, alternando equipos. Los diez jugadores en la cancha deben tirar la bola a un compañero de equipo que esté parado en uno de los laterales, quien entonces la tira a un jugador de su equipo que esté en la cancha. Hay muchísimas oportunidades para interceptar la bola, claro está, tanto en los laterales como en la cancha.

Los jugadores deben llevar puestos colores o camisetas que los identifiquen para un reconocimiento rápido. No hay falta en los laterales y la bola siempre entra al juego de manos de un jugador que esté en el lateral. *Michael W. Capps*

Baloncesto helado

Aquí tienes un buen juego para esos días de campamento que llueve sin parar. Necesitas un lugar interior espacioso y una nevera (o algo parecido). También necesitas una bola liviana y una caja de cartón.

Abre la caja, échale algo adentro para evitar que se caiga y colócala sobre la nevera. Mueve la nevera al centro del salón. Dibuja un círculo alrededor de la nevera para que los chicos no puedan acercarse a más de 1.2 metros (cuatro pies) aproximadamente. Entonces, comienzas a jugar baloncesto regular. El equipo que tiene la bola puede pasarla alrededor y luego lanzar al «canasto», tratando que la bola se quede dentro de la caja. El escenario se va tornando emocionante cuando los tiros errados pasan por encima de la caja y caen en manos del equipo contrario, tiradas pateadas, etc. Establece tus reglas mientras vas jugando. Una árbitro puede cantar faltas y tratar de mantener el juego bajo control. *John Pierce*

Baloncesto en círculos

Este es un juego para la noche de reunión en el gimnasio. Como en el béisbol, la defensa se dispersa alrededor de la cancha. Desde el lateral en el medio de la cancha, un bateador defensivo tira la bola de baloncesto dentro del área de juego. Luego, corre hacia el círculo en medio de la cancha —la base— y corre alrededor de él todas las veces que pueda, antes que la defensa coja la bola y la enceste en el canasto. Anota un punto por cada vuelta alrededor de la base. Todo el mundo en el equipo tira antes de cambiar de «entrada». *Phil Blackwell*

Baloncesto sobre patines

En una cancha de baloncesto al aire libre, dos equipos con patines o *rollerblades* intentarán anotar puntos dándole al tablero del equipo contrario con una bola de playa. (Los equipos pueden tener entre cinco a diez jugadores.) Los jugadores pueden cargar la bola o darle como en el voleibol. Si otro jugador toca al que tiene la bola, la bola pasa al otro equipo. La bola se pone en juego cuando una jugador la pasa desde «fuera de la línea». *Chuck Williams*

BALONCESTO SIN MANOS

Este juego es una carrera de relevo muy divertida para el que juega como para el que observa. Organiza en filas todos los equipos que quieras. El primer jugador en cada fila corre con la bola hacia una línea ubicada aproximadamente a 2.5 metros (ocho pies) de distancia. La bola estará hecha de papel periódico envuelto en cinta adhesiva y será aproximadamente de 60 mm (seis pulgadas) de diámetro. El primer jugador le tira la bola al segundo (que ahora está en la primera posición en la fila), quien tiene que atraparla con sus codos mientras sus manos están en su quijada.

Luego de atrapar la bola, esa persona (el lanzador) tiene que hacer rebotar la bola en sus rodillas y meterla en el «canasto» (cesto de basura) que está en el piso, delante de él. La bola tiene que rebotar en sus rodillas para que el canasto sea válido. Si falla, el siguiente jugador en la fila recoge la bola y la tira otra vez a la primer persona y se repite todo el proceso hasta que se haga un canasto legal. Tal vez quiera establecer un límite en los tiros fallados; por ejemplo, tres, pero usualmente no es necesario.

Una vez hecho un canasto, el lanzador toma la bola, corre hacia la posición del que pasa la bola, y el que la rebota se convierte en el que la tira, mientras que el que la pasa corre hacia el final de la fila, etc. Todo los jugadores en el equipo juegan las tres posiciones en algún momento. El primer equipo en regresar a la posición original es el ganador. *Richard Moore*

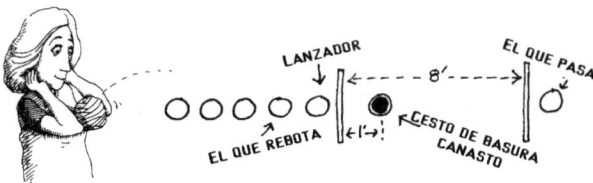

LANZADOR   EL QUE PASA
←— 8' —→
EL QUE REBOTA   CESTO DE BASURA CANASTO

¡GIGANTES EN LA CANCHA!

En vez de jugar con dos equipos de baloncesto, ¿por qué no tener tres? Los tres equipos tienen siete jugadores en la cancha al mismo tiempo. Cada equipo puede tener hasta dos «gigantes» (un jugador sobre los hombros de otro), pero una chica tiene que ser una de las gigantes. Los equipos pueden encestar en cualquiera de los canastos. Un jugador no puede driblar la bola más de dos veces. Tres faltas y el jugador queda fuera del juego. Asegúrate de sustituir justamente para que todos tengan la oportunidad de participar. *Bill Calvin*

BALONCESTO CON CESTOS DE BASURA

Esta es una versión de baloncesto bajo techo que se puede jugar cuando el «de verdad» no está disponible. Coloca un cesto de basura grande en cada extremo del salón (a los muchachos les encanta lanzar cosas dentro de los cestos de basura). Debes dibujar un círculo alrededor de los cestos que marque un espacio de unos 1.8 metros (seis pies) de diámetro, esta es la zona prohibida para los jugadores. Usa una bola de niños pequeña de unas ocho pulgadas de espacio, o cualquier cosa que sirva. Las reglas son las mismas que en un partido de baloncesto regular, excepto por algunas de ellas:

• No se permite driblar la bola. El movimiento de la bola es por medio de pases. Esto ayuda a hacer el juego no solo más práctico, sino también mucho más justo en una situación de jugadores mixtos (chicos y chicas, o grandes y pequeños).

• No se puede correr con la bola. Solo se puede pasar a un compañero.

• Si tocas a un jugador con la bola, es una falta. El jugador que recibió la falta recibe un tiro libre.

• No se permite que nadie entre en la zona prohibida. Esto impide que un jugador desvíe una bola que ya está por entrar al aro (*goal tending*) o una encestada con demasiada fuerza (*dunking*), haciendo el juego más justo para todo el mundo. *Jim Walton*

RELEVOS DE RESISTENCIA

Todo lo que necesitas para estos relevos es una bola que rebote para cada equipo y un canasto de baloncesto, o un blanco, para el juego. Ambos (todos) los equipos tiran al mismo canasto. El punto de partida debe estar a la misma distancia del canasto para todos los equipos. El área de juego debe prepararse como lo indica el diagrama, con la ruta para cada equipo marcada con flechas.

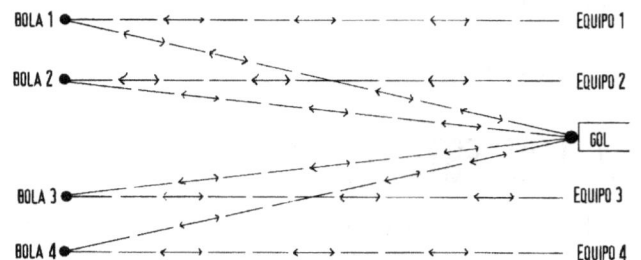

BOLA 1   EQUIPO 1
BOLA 2   EQUIPO 2
                                GOL
BOLA 3   EQUIPO 3
BOLA 4   EQUIPO 4

Los equipos deben sentarse en el suelo, y cada jugador se para solo cuando sea su turno de jugar. Cuando termine su participación, el jugador debe sentarse otra vez. No se permite que los que están en fila interfieran con la bola. El equipo que esté sentado y termine primero es el ganador. A continuación la reglas para los diferentes tipos de relevos que pueden jugarse:

- **Relevo sobre hombros.** Divide al equipo en parejas. Uno de los dos jugadores debe subirse en los hombros del otro. A la señal, la primera pareja en la fila va al otro extremo del salón, donde están en el piso las bolas del equipo. El jugador que lleva al compañero en los hombros toma la bola para su equipo y se la pasa al que está arriba (sobre sus hombros). La pareja se dirige al canasto, con el jugador de arriba driblando la bola. Cuando llegan al canasto, el jugador de arriba trata de encestar la bola (o pegarle al blanco seleccionado) mientras todavía está sobre los hombros de su compañero. La pareja permanece en el canasto hasta que enceste la bola. Luego entonces la pareja regresa la pelota al otro lado del salón (donde la recogieron) con el jugador de arriba, otra vez, driblando la bola. Una vez colocada la bola, sin tirarla o dejarla caer, en su lugar original, la pareja regresa a su equipo. Tienen que tocar a la siguiente pareja y se repite el proceso. El equipo que termina primero se desmaya de cansancio.

- **Relevo de Carretillas.** Divide al equipo en parejas. La primera pareja en cada fila debe formar la conocida posición de carretilla (el jugador de atrás sostiene por los tobillos al otro jugador, quién avanzará caminando con las manos). A la señal, la pareja debe ir lo más rápido posible hacia la bola de su equipo. El jugador «carretilla» acorrala la bola y la guía con la cabeza y los hombros (sin manos) hacia el canasto (o blanco). Cuando llegan a la zona de lanzamiento, el jugador de atrás (el que lleva al otro) le suelta los pies a su compañero e intenta encestar un tiro. Luego de encestar, la pareja regresa la bola a su lugar original, al estilo carretilla, y así mismo regresan a su fila. Deben tocar a la siguiente pareja y se repite el proceso hasta que un equipo termine.

- **Relevo con sillas.** (Se necesita equipo adicional: una silla por equipo, colocada cerca del canasto o blanco.) En este relevo los jugadores corren de forma individual. El primer jugador en la fila, corre, a la señal, hacia la bola del equipo, la dribla hasta llegar a la silla de su equipo al frente del canasto (blanco), se sienta en la silla y hace intentos al canasto hasta que logre encestarla (mientras está sentado en la silla con los pies en el piso). Luego la persona dribla la bola hasta llevarla a su lugar de origen, corre hacia su fila, toca al siguiente jugador y se repite el proceso hasta que un equipo termine.

- **Relevo con fútbol.** En este relevo los jugadores participan de forma individual. El primer jugador en fila corre, a la señal, hacia la bola de su equipo. La persona lleva la bola al estilo fútbol (con los pies) hacia el canasto (blanco). Una vez se acerca al canasto, el jugador tira la bola hasta que logre encestarla (obviamente con las manos). Entonces coloca la bola en el piso, y la lleva con los pies (al estilo fútbol) a su lugar original. Luego el jugador corre hacia su fila, toca al siguiente jugador y el proceso se repite hasta que un equipo termine. *Ed Merrill*

TRIPLE AMENAZA

He aquí una nueva manera de jugar baloncesto. Necesitas un canasto y tres equipos.

Los equipos pueden ser de cualquier cantidad de jugadores, pero preferiblemente de un máximo de cinco y un mínimo de dos. Las reglas son más o menos las mismas que las del baloncesto regular, con estas diferencias:

- Cada tiro encestado vale un punto. Se juega hasta que un equipo anote diez puntos y le esté ganando a los otros dos equipos por al menos dos puntos.

- Después de cada tiro encestado, el equipo con menos puntos tiene derecho a la bola, aunque haya sido el equipo que acaba de encestar. El jugador receptor de la bola debe estar en una de las líneas laterales. En el caso que dos equipos (o los tres) estén empatados, el equipo que ha estado último por más tiempo tiene derecho a la bola. O quizás quieres establecer algún otro sistema que te parezca justo.

- En el caso que el partido se pare por otra situación, como por ejemplo: una bola fuera de la cancha, alguien camina con la bola, doble rebote, etc., una vez más, el equipo en último lugar tiene derecho a la bola. Si el equipo en último lugar es el responsable por la falta, entonces se le da la bola al equipo que le sigue en puntuación.

- En caso de una falta, el equipo que la recibió saca la bola de uno de los laterales. No hay tiros libres.

Este juego puede jugarse en una cancha de baloncesto regular, y hacer que los equipos cambien de canasto cada vez que se encesta la bola. Parte de la diversión es tratar de recordar cuál es el canasto de tu equipo.

Otra variación es jugar con cuatro equipos y cuatro canastos a cada lado, en caso de que tengas canastos que puedas mover. Claro está, también puedes jugar con una bola de goma, crear tus propios tableros o usar cestos de basura como canastos. ¡Usa toda tu creatividad! *Merle Moser, Jr.*

BALONCESTO TORTUGA

Esta idea añade un detalle simpático al baloncesto. En lugar de que cada jugador corra de arriba para abajo en la cancha, todo el mundo camina. Sin embargo, pueden hacerlo tan rápido como puedan. Si se sorprende a la ofensa corriendo, la bola pasa al otro equipo. Si se sorprende a la defensa, el jugador del equipo ofensivo gana la bola y tiene la oportunidad de dos tiros libres. Todo jugador que se sorprenda corriendo está sujeto a una falta. Además, todo el mundo debe mantener los pies en el piso cuando está driblando la bola. Si se sorprende a alguien brincando, la bola pasa al otro equipo. Esto no equivale a una falta. Este juego es realmente divertido de observar. Excepto por lo que se indica arriba, todas las reglas del baloncesto aplican para la anotación de puntos. *Doug Simpson*

BALONCESTO DOS CONTRA DOS

Esta es una variación al juego normal de dos contra dos que puede ser muy apropiado para un juego de torneo. Cada equipo de una pareja debe seleccionar a uno de sus jugadores como el lanzador. Este será el jugador S y no debe permanecer todo el tiempo en la línea de tiro libre. El jugador S no puede mover sus pies y todo lo que va a hacer es lanzar al canasto por su equipo. El otro jugador es el que se mueve por la cancha (jugador M). Este es el que atrapa, dribla, bloquea tiros, intercepta pases... hace de todo menos tirar al canasto.

Las variaciones son interminables. En juegos mixtos, puedes intercambiar a los chicos y chicas para que sean los jugadores M y los jugadores S. También puedes colocar a tus jugadores S en diferentes lugares de la cancha para variar la dificultad de los tiros. O añade jugadores, y asigna más jugadores S y más jugadores M. *Andrew Winters*

JUEGOS BAJO TECHO
PARA GRUPOS GRANDES

Estos juegos van dirigidos a grupos de treinta o más jóvenes y están diseñados para jugarse en un gimnasio, en un salón de actividades o uno similar. Pero no importa lo grande que sea tu grupo ni el lugar que tienes para reunirte con ellos, porque encontrarás juegos «romper el hielo», conocerse y competir, que te funcionarán muy bien.

AMIBA

Divide el grupo en dos equipos y simplemente ata a los compañeros de equipo con un soga por la cintura. Para lograrlo, los compañeros de equipo se amontonan y mantienen los brazos arriba, mientras les amarras la soga alrededor. Después de estar atados, corren hacia una meta y regresan. A menos que trabajen juntos como equipo no llegaran a ninguna parte.

• **¡A levantar la amiba!** Este juego es una sencilla variante del anterior. Puede hacerse como una competencia entre equipos o como un juego cooperativo con todo el grupo tratando de romper su propio récord. No obstante, cada grupo no debe tener más de quince jugado-

res. Si tienes un grupo más grande, divídelos en más grupo, todos de igual tamaño.

Cada grupo se convierte en una amiba. Cada amiba debe desarrollar una estrategia por medio de la cual pueda levantar a todo el grupo sobre las menos piernas posibles. La amiba debe mantenerse en posición por lo menos durante diez segundos. Se contarán todas las piernas que toquen el piso durante ese tiempo. Selecciona a varios líderes para que cuenten las piernas y recojan los «pedazos» cuando se caigan las paredes. Obviamente, la amiba que logre mantenerse en pie en la menor cantidad de piernas posibles será la ganadora.

La amiba hambrienta. Todo lo que necesitas para este juego es un área de juego muy bien definida (un parque de béisbol, un comedor, un salón, etc.) y un montón de jugadores, aunque los grupos más pequeños también lo disfrutarán. Selecciona a dos personas para que sean la «amiba bebé». Inmediatamente, los dos jugadores deben tomarse de manos y tratar de capturar a otros jugadores rodeándolos con sus brazos. Los jugadores atrapados se suman a la creciente cadena y continúan la hazaña, corriendo en lo que puede parecer más o menos una fila hasta que atrapan a su siguiente víctima y cierran el círculo.

Según la amiba vaya creciendo, puede atrapar a grupos de varias personas a la vez, o hasta a una amiba más pequeña. El juego termina cuando todo el grupo es parte de una sola amiba y el ganador es el último jugador en ser atrapado. *Dan Scholten y Jim Larsen*

UN DÍA EN LA ESCUELA

El objetivo de este juego es ver quién puede pasar por todo un día de «escuela» lo más rápido posible, y terminar la tarea para cada «clase» (ver página 35). Elige once lugares alrededor de las instalaciones de la iglesia (los salones de Escuela Dominical son perfectos) y asigna un «maestro» en cada lugar con la tarea correspondiente a su «materia» según la lista que te presentamos a continuación. Entonces, reúne a los «estudiantes» contigo en otro salón —su «salón hogar»— donde les entregas una «tarjeta de calificaciones o notas (ver página 35).

Los estudiantes tiene que ir a todos los salones, contestar la pregunta o terminar la tarea de una forma que satisfaga al maestro, pedirle al maestro que evalúe la tarea y que escriba sus iniciales en la tarjeta de calificaciones. La primera y la última clases a la que «asistan» deben ser las mismas que toman en su escuela regular (si es verano, pueden usar el programa del año anterior). Pueden «asistir» a las otras clases en el orden que ellos quieran. El primer estudiante que regrese al «salón hogar» con todas las tareas terminadas (independientemente de la calificación), y todas las materias iniciadas, es el ganador. *Todd Capen*

EN LA GRANJA

Divide el grupo en seis equipos iguales. Dale a cada persona un papelito en el que hayas escrito el nombre de un animal. Apaga las luces. Con las luces apagadas, los jugadores tienen que hacer el sonido de su animal y buscar en la oscuridad a los otros jugadores que estén haciendo el mismo sonido. Asigna uno de estos seis animales a cada jugador o puedes elegir los tuyos.

Cerdo	**Caballo**	**Vaca**
Pato	**Perro**	**Gallina**

Cuando los compañeros de equipo se vayan encontrando, deben tomarse de manos y buscar a los otros compañeros. Cuando enciendas las luces, todos los jugadores deben sentarse. El equipo que haya encontrado más miembros es el ganador. (Para mucha más diversión —o frustración— dale a una persona la palabra «burro», para que él o ella no encuentre a *ningún* compañero de equipo.)

DENTRO Y FUERA DEL AUTO

Para este audaz juego, necesitas un auto que pueda arriesgarse a que lo dañen o lo ensucien. Los chicos hacen una fila a un lado del auto (que tiene las puertas de atrás y las del frente abiertas) y, después de tu señal, corren a través del auto: entran por un lado y salen por el otro. El propósito es ver cuántos chicos pueden correr a través del carro en el tiempo límite (un minuto, dos minutos, etc.). Dos jugadores de cada equipo tienen la función de llevar el tiempo y contar a los jugadores que pasan por el auto. Todo el mundo tiene que intentarlo. Pa-

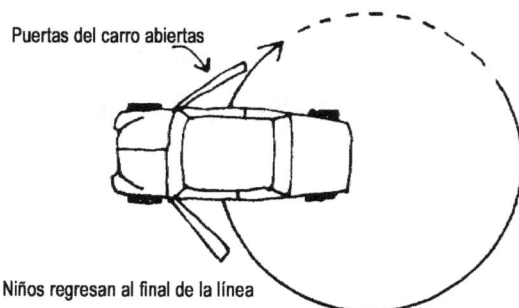

Puertas del carro abiertas

Niños regresan al final de la línea

ra jugar *sin* el auto, usa una caja grande o una banca por la que los chicos pueden pasar «gateando» por debajo.

CARRERA DE CARRUAJES

Este juego funciona mejor en una superficie resbalosa, como la de un gimnasio. Marca una «pista» redonda. Pídele a dos jugadores fuertes de cada equipo (los caballos) que arrastren a cada compañero de equipo (conductor del carruaje), uno a la vez, alrededor del circuito sobre una sábana gruesa (el carruaje). El conductor del carruaje debe asegurarse de aguantar la sábana con mucha fuerza. El primer equipo en completar tres vueltas completas a la «pista» o que «corra» a todos los compañeros de equipo, es el ganador. Cualquier jugador que se salga de la sábana debe regresar a la línea de partida con sus caballos y tratar otra vez.

¡TREMENDO GENTÍO!

Este juego puede jugarse ¡hasta con 1.000 personas! Todo el mundo debe aglomerarse con cuidado en el centro del salón, con los brazos hacia abajo, hasta que el líder suene un silbato o una bocina. El líder va a gritar un número, por ejemplo, doce. Entonces todos los jugadores deben dividirse en grupos de doce personas, unirse usando los brazos y sentarse. El líder elimina a todos los jugadores que no estén en un grupo de doce en un corto tiempo límite.

TARJETA DE CALIFICACIONES

MATERIA	CALIFICACIÓN (APROBÓ/NO APROBÓ)	INICIALES DEL MAESTRO
Matemáticas	_____	_____
Español	_____	_____
Literatura	_____	_____
Ciencia	_____	_____
Educación Física	_____	_____
Almuerzo	_____	_____
Banda/Coro	_____	_____
Drama	_____	_____
Educación Vocacional	_____	_____
Historia	_____	_____
Idiomas	_____	_____

EJEMPLO DE TAREAS POR MATERIA
(Para entregar a los «maestros»)

Matemáticas: Pídeles que sumen la cantidad de los apóstoles y la cantidad de los Evangelios.

Español: Pídeles que escriban «Jesús me ama» como el título de su próxima composición. (¡Verifique la ortografía!)

Literatura: Pregúntales cuál fue el primer libro que se imprimió en una imprenta. (Respuesta: la Biblia)

Ciencia: Pregúntales dónde pueden leer sobre la creación del universo. (Génesis 1)

Educación Física: Calistenia: Pídeles que hagan cinco *push-ups* [ejercicios para fortalecer el pecho] y que se toquen las rodillas cinco veces.

Almuerzo: Pídeles que te den las direcciones (un mapa) para llegar a su lugar de comida favorito fuera de la escuela.

Banda/Coro: Pídeles que te canten «Cristo me ama».

Drama: Pídeles que actúen como si estuvieran «muriéndose del miedo».

Educación Vocacional: Diles que hagan «mímicas» sobre cualquier profesión que ellos elijan hasta que tú puedas adivinar cuál es.

Historia: Pregúntales a quién enterraron en la tumba de José de Arimatea. Si te contestan que fue a José de Arimatea, dales una «F». (Respuesta: Jesús)

Idiomas: Pídeles que traduzcan la palabra griega *ágape* (amor).

* Gentío anatómico. Los jugadores deben comenzar a caminar alrededor del salón, mientras el líder está parado en el centro. Luego de unos segundos, el líder suena el silbato y grita dos cosas: una parte del cuerpo y un número («¡Codo! ¡Tres!»). Todos los jugadores se dividen según el número que el líder haya dicho y unen entre sí la parte del cuerpo apropiada. Después del grito: «¡Codo! ¡Tres!», por ejemplo, los jugadores forman grupos de tres y se unen usando los codos. Se elimina del juego el último grupo en hacer esto correctamente o un grupo en el que se mezclan dos equipos.

Otros ejemplos: Rodilla (4), nariz (3), tobillos (6), espaldas (2), colas (5), cuellos (2), hombros (6), cabezas (4), labios (2)

• Gentío de pan y mantequilla. Divide el grupo en dos mitades iguales. Dale a uno el nombre «Pan» y al otro, «Mantequilla». Pídeles a los jugadores que se mezclen y que solo digan el nombre de su grupo: pan o mantequilla. Cuando se suene el silbato, el líder grita un número y los jugadores deben formar un grupo con ese número, pero solo con los miembros de su equipo. Cualquier jugador que quede fuera de un grupo o en un grupo que accidentalmente mezcle los dos equipos, se elimina. La última persona que quede es la ganadora. Puede hacer otras variaciones usando diferentes nombres de equipos, tales como «guisantes y zanahorias» o «mantequilla de maní y jalea». ¡Es muy divertido!

• Gentío pecoso. Usa un marcador lavable para dibujar pecas en la cara de todos los jugadores. Píntale diez pecas a los primeros diez jugadores, dos pecas a otros diez, tres pecas a otros y así sucesivamente, dependiendo del tamaño del grupo. A la señal, los jugadores tienen que buscar a los que tienen la misma cantidad de pecas y sentarse en el piso. El último grupo en reunirse pierde. Ahora que tiene al grupo dividido en equipos puede jugar otros juegos o hacer algún relevo.

• Gentío en pirámide. Los jugadores deben mezclarse caminando alrededor del salón. Entonces el líder suena un silbato o una bocina, y grita un número. Luego los participantes buscan la cantidad de compañeros que corresponda al número, se arrodillan y construyen una pirámide. La pirámide debe tener exactamente la misma cantidad del número que usó el líder o quedan fuera del juego. Si hay jugadores adicionales también se eliminan. El juego continúa hasta que un jugador se quede solo o el grupo sea muy pequeño para continuar.

• Pum Pan Pin. El líder se para en una silla en el medio del salón con una cacerola de metal y una cuchara. Los jugadores deben estar caminando por el salón. Todo el mundo tiene que estar moviéndose. Entonces el líder le pega a la cacerola con la cuchara cierto número de ve-

ces y luego para. Los jugadores cuentan el número de golpes y entonces hacen un círculo tomándose de las manos con la cantidad de personas que corresponda al número de golpes que dio el líder. Los que no estén en un círculo con la cantidad correcta de jugadores cuando el líder suene el silbato, se eliminan del juego. Se continúa el juego con distintos números hasta que todos quedan eliminados con excepción de una persona.

Michael W. Capps, Glenn T. Serino, Dallas Elder y Norma Bailey

JUGADOR X

Sienta a todo tu grupo en un círculo de sillas mirando hacia adentro. El «jugador X» no tiene una silla y su propósito es conseguirla. El «jugador X» comienza a correr alrededor del círculo (en el interior) y toma por la mano a un jugador del sexo opuesto. Esa persona toma de la mano a otro jugador, también del sexo opuesto. Esto está ocurriendo mientras siguen corriendo dentro del círculo (chico, chica, chico, chica). Según la línea se va haciendo más larga, el «jugador X» se mete por debajo de los brazos y entre las personas para tratar de hacer un nudo de gente. Mientras esto ocurre, la última persona a la que levantaron de su silla tratará de alcanzar a alguien para pararla y añadirla a la línea enredada. Cuando el «jugador X» lo decida, deja caer un grupo de llaves que lleva en el bolsillo y todo el mundo corre a buscar una silla. El jugador que se quede parado se convierte en el próximo «jugador X».

PALABRA DE CUATRO LETRAS

Todos los jugadores del grupo deben tener una letra bien grande pegada en su espalda. A la señal, cada jugador trata de encontrar otras tres personas con las que pueda formar una palabra de cuatro letras en un minuto. Los que no puedan formar ninguna palabra se eliminan, y el juego continúa hasta que todo el mundo queda eliminado. Algunos ejemplos de palabras: casa, cosa, copa, paso, sopa, peso, piso, rosa, risa, cera, cara, saca, pesa, sapo, asar, etc.

PISTOLA-VIEJITA-GORILA

Este juego se parece mucho a «piedra-papel-tijera» que juegan los niños. Forma parejas y colócalas en filas. Cada jugador debe estar al otro lado de su pareja, dándose la espalda.

El líder, quien solo dirige la acción, grita «¡uno, dos y tres!» y en «tres» las parejas se dan vuelta para quedar de frente a su pareja y, sin dudar, instantáneamente asumen una de estas tres posiciones:

1. **Pistola:** Saca pistolas imaginarias con ambas manos de los bolsillos y de la cintura y dispara diciendo: «Bang, bang».
2. **Viejita:** Con una mano en la cintura dice: «¡Hola, querido/a!»
3. **Gorila:** Levanta las manos, saca los dientes y grita: «¡Grrrrr!»

Luego de hacer esto, cada pareja determina quién es el ganador:

• La VIEJITA le gana a la PISTOLA (la dulzura de la viejita es más poderosa que la violencia del pistolero).

• La PISTOLA le gana al GORILA (la pistola puede herir al gorila).

• El GORILA le gana a la VIEJITA (¡se la puede comer!)

• ¿Empate? Entonces se hace otra vez. Si quedan empatados por segunda vez, ambos se eliminan.

Luego del primer intento, los perdedores salen, todos los ganadores se vuelven a poner en parejas y se repite el juego. Así sucesivamente hasta que solo queda una pareja y finalmente un ganador. Es buena idea hacer varias demostraciones frente al grupo antes de comenzar.

CARRERA DE CUMPLEAÑOS

Divide el grupo en equipos. Cada equipo debe alinearse en una sola fila según su fecha de cumpleaños; con el jugador más joven en un extremo y el de más edad en el otro. El equipo que no logre acomodarse cuando termine el tiempo límite (o el último equipo en lograr el orden correcto), pierde.

EL REY DE LAS CABRAS

Divide el grupo en dos equipos. Uno de los equipos se para a un lado. El otro equipo forma un círculo alrededor de un miembro del equipo contrario, que tiene los ojos vendados y se llama la «cabra». Los jugadores en el círculo están tomados de la mano. La cabra trata de tocar a la gente en el círculo a su alrededor. El círculo debe alejarse de él como grupo, sin soltarse las manos. Los chicos y chicas que están parados a un lado del salón le gritan instrucciones a la cabra para ayudarla a que logre tocar a un jugador del equipo contrario. Justo antes de terminar el juego con la última cabra, véndale los ojos, comienza el juego y pídele a los jugadores del círculo que se suelten y se dispersen por el salón. Los chicos y chicas a los lados del salón deben continuar gritando instrucciones para mantenerla «jugando» un rato más. *Larry Lyon*

¡A PATADAS!

Divide el grupo en dos equipos. Para dividirlos, usa números consecutivos de modo que para cada jugador en un grupo haya uno con el mismo número en el otro. Los equipos hacen dos filas, mirándose de frente, pero en el orden opuesto. Por ejemplo, los jugadores «número uno» están en los extremos opuestos de las filas. Usa una bola de playa con adolescentes, pero con jóvenes mayores puedes usar una bola de voleibol. Coloca la bola en el medio del área de juego. Cuando digas un número, los jugadores correspondientes de cada equipo corren y tratan de pasar la bola a través o por encima de la fila del equipo contrario. Solo pueden usar los pies. Los miembros del equipo que están parados en la fila deben tratar de bloquear la bola con sus manos, pero no pueden patearla. *William C. Moore*

JUEGO DE NYLON

Divide el grupo en equipos. Reúne la mayor cantidad de medias de nylon que puedas (de mujer y de las que se ponen de forma individual en cada pierna). Colócalas todas juntas en el medio del salón. Pídeles a los jugadores que se quiten los zapatos. Un equipo se sienta en el piso alrededor del montón de medias. Deles un minuto para que se pongan todas las medias que puedan, una sobre otra, solo en una pierna. El equipo que logre ponerse la mayor cantidad de medias es el ganador. *Senior High Fellowship, First Congregational Church, Webster Groves, Mo.*

¡TREMENDA CONFUSIÓN!

Necesitas cuatro equipos con igual cantidad de jugadores. Cada equipo se acomoda en una esquina del salón o el área de juego. El área de juego puede ser cuadrada o rectangular. A la señal, cada equipo intenta moverse lo más rápido posible hacia la esquina que queda en diagonal a la de ellos. El primer equipo que logra hacer esto (todos los miembros) es el ganador de esta primera ronda.

¡Ahora la diversión! En esa primera ronda, dígales que sencillamente deben correr para moverse de una esquina a la otra. Pero luego que concluya esa ronda, puedes usar todas las posibilidades que quieras: caminar de espaldas, una persona lleva a otra por las piernas en forma de carretilla, dando vueltas en el piso, brincando en un solo pie, caminando con manos y pies, etc. ¡Se va a formar tremenda confusión en el centro cuando los cuatro equipos se crucen!

• **Cómo terminar con la confusión.** Designa «áreas seguras» en las cuatro esquinas del salón (tal vez puedas usar cinta adhesiva para marcarlas), y dale a todos los miembros de los cuatro equipos un banderín, que debe colgar de la cintura de cada jugador por la espalda. El objetivo del juego es llegar hasta el área segura de la esquina opuesta sin perder su banderín. Mientras pasa por el centro, puede tomar uno o más banderines de los miembros de los otros tres equipos, siempre y cuando todavía tenga el de él o ella en la espalda.

Una vez le quitan el banderín, el jugador está fuera del juego.

Para obtener mejores resultados, cada equipo debe tener banderines de un color diferente. Esto evitará que un jugador reemplace su banderín perdido con uno que le quite a otro jugador. Una vez le han quitado los banderines a todos los miembros, ese equipo se elimina del juego. Puedes crear tus propias variaciones y tus propias reglas.

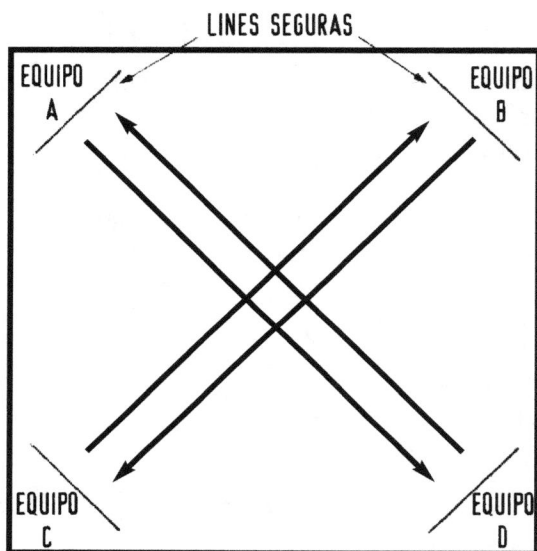

LINES SEGURAS

EQUIPO A · EQUIPO B · EQUIPO C · EQUIPO D

No olvides hacer correr a los jugadores a través del área de juego de diferentes maneras: en un pie, sobre los hombros de un compañero de equipo, en sus manos y rodillas, etc. De hecho, esas payasadas pueden ser una buena manera de que bajen el paso un poco y evitar accidentes en el centro cuando todo el mundo se está moviendo en una dirección distinta. *Tom Beaumont y Norma Bailey*

¡LEVÁNTATE!

Todo el mundo toma una silla y forma un círculo, todos los jugadores se sientan en su silla, mirando hacia el centro del círculo, excepto cinco chicos y cinco chi-

cas que son los que comienzan el juego. Estas diez personas están paradas en el centro. Al silbato, los diez jóvenes en el centro del círculo corren hacia los jugadores que están sentados y halan a una persona del sexo opuesto, tomándola por las manos y haciendo que se salga de la silla.

Por ejemplo, un chico tiene que ir hacia una chica, halarla fuera de su silla y entonces sentarse en ella. La muchacha no puede resistirse. Entonces, ella se mueve hacia el otro lado del círculo, hala por las manos a un muchacho, lo saca de su silla y así sucesivamente. Esto sigue por un minuto. Suena el silbato y los jugadores tienen que parar donde estén. Cuenta los muchachos y las muchachas que estén de pie. La idea es algo así como el juego de la silla regular, pero chicos contra chicas. Por ejemplo, si quedan paradas dos chicas más que chicos, los muchachos reciben dos puntos y el juego continúa. Cada vez que pase un minuto, se suena el silbato y se cuenta a los jugadores que estén parados. Al final del tiempo total establecido, el equipo con más jugadores es el ganador.

DE UN LADO AL OTRO DE LA LÍNEA

Marca tres líneas paralelas con una separación de un metro (tres pies) de distancia entre ellas. Forma dos equipos, parados uno frente al otro, y acomódalos en dos filas a cada lado de la línea central. Los jugadores tratan de alcanzar y halar a los jugadores del equipo contrario hacia su lado sin pararse sobre la línea que está a un metro (tres pies) detrás de ellos. Cualquier jugador al que halen por encima de la línea central pasa automáticamente a formar parte del equipo contrario. Al final del tiempo establecido, el equipo ganador es el que tenga más jugadores.

CATÁSTROFE EN LA CIUDAD

Este juego puede usarse con un grupo de quince personas o más. Divide el grupo en tres equipos, siéntalos en sillas formando tres filas paralelas y que tengan una separación entre equipos de aproximadamente un metro (tres pies). Todos los jugadores deben estar mirando en la misma dirección, que es hacia el frente de la fila de su equipo. (Cada jugador está sentado mirando la espalda de su compañero de equipo.)

Cada equipo tiene el nombre de un pueblo o cuidad de su país, tales como: Carolina, Buenos Aires, Quito (cualquier nombre sirve). A cada jugador en cada equipo se le asigna una profesión: plomero, carpintero, policía, predicador, maestro, doctor, etc. Cada equipo debe tener las mismas profesiones, y también deben estar sentados en el mismo orden.

Entonces, el líder dice el nombre de una profesión y de un pueblo; por ejemplo: «Necesitamos un policía en Buenos Aires». En este momento, los policías en cada equipo se paran de sus sillas, corren alrededor de sus equipos y regresan a sus sillas. La primera persona que llegue a su silla, gana un punto para su equipo.

Un detalle adicional en el juego es que los jugadores tienen que correr en la dirección correcta. Esto lo determina el pueblo o ciudad que se llame. Por ejemplo, si las líneas están acomodadas de modo que Carolina está a la izquierda de todo el mundo, Buenos Aires está a la derecha y Quito en el centro, cuando el líder diga Buenos Aires, los jugadores deben pararse hacia la derecha y correr a favor de las manecillas del reloj (hacia la derecha). Carolina será a la izquierda y cuando llamen a Quito cualquier dirección es válida. Si el jugador no corre en la dirección correcta, se elimina.

Si el líder dice: «Ha ocurrido una catástrofe en (nombre del pueblo)», entonces todos los jugadores de los tres equipos tienen que pararse y correr alrededor de las sillas de su equipo; una vez más, en la dirección correcta. El primer equipo con todos sus jugadores sentados, gana un punto. No olvides que todo el mundo debe pararse de sus sillas en la dirección correcta, así como correr en la dirección correcta. *Scott Herrington*

GUERRA DE «NIEVE»

Dibuja una línea que divida a sus dos equipos. Dale a cada equipo un montón de periódicos y un minuto para hacer «bolas de nieve» con cada página. A la señal, los equipos lanzan todas las bolas de papel de periódico que puedan hacia el otro lado de la línea en el límite de tiempo que establezcas. El equipo con la mayor cantidad de «bolas de nieve» en su lado, es el perdedor. No se permite lanzar papel sin enrollar y tampoco puede contarse. Incluye en el conteo las bolas de nieve que haya hecho el equipo pero se quedaron sin lanzar. Si sorprende a un jugador tirando o pateando una bola de nieve una vez haya sonado el silbato, le costará veinte puntos al equipo. ¡Juega cuantas rondas quieras!

RODEO

Todos los jugadores se dividen en dos quipos con la misma cantidad de muchachas y muchachos en cada uno. Las chicas de cada equipo son las «vaqueras» y los muchachos son las «vacas». Las vacas deben permane-

cer «paradas en cuatro patas» a lo largo de todo el juego. El objetivo del juego es este: la chicas de cada equipo tratan de llevar a las vacas del equipo contrario al área designada como el «corral». Las muchachas pueden arrastrar, empujar o cargar las «vacas» hasta el corral. Por supuesto, las vacas pueden poner resistencia, pero deben mantenerse en «cuatro patas». Luego que pase el tiempo designado, el equipo que tenga más vacas en su corral, es el ganador. *Jerry Summers*

EN BALANCE

Cada jugador debe poner su mano izquierda detrás de la espalda y aguantarse el tobillo con la mano derecha. El objetivo es tratar de tumbar a los otros jugadores haciéndoles perder el equilibrio mientras todo el mundo está moviéndose en esta posición por toda el área de juego. Todo el que se caiga queda eliminado. El último jugador que quede en pie será el ganador. No se permite darse con los codos.

PALILLOS DE ROPA

He aquí un juego súper divertido y muy fácil de jugar con grupos de cualquier tamaño. Entrégale a todos los jugadores seis palillos de ropa (de los que se usan para colgar la ropa a secar en el tendedero). A la señal, cada jugador tiene que tratar de prender el palillo en la ropa de los otros jugadores. Cada uno de los seis palillos debe prenderse en seis jugadores diferentes.

Los jugadores tienen que mantenerse en movimiento para evitar que le enganchen palillos, mientras, por otro lado, están tratando de prender sus palillos en otro jugador. Cuando al jugador ya no le queden palillos, permanece en el juego pero evitando que le prendan palillos en su ropa. Al final del tiempo establecido, la persona que tenga menos palillos en su ropa es el ganador, y el que tenga más, es el perdedor.

Otra forma de jugar es dividiendo al grupo en parejas y darle a cada persona seis palillos. Entonces, cada jugador trata de prender todos sus palillos en la ropa de su compañero. Los ganadores vuelven a formar parejas y así sucesivamente hasta declarar a un campeón de los palillos. *Prudence Elliot*

GUERRA DE «ENANOS»

Este juego es muy bueno para grupos grandes. Todos los jugadores se agachan, cruzan sus brazos, y brincan o caminan por todo el área de juego, mientras tratan de hacer caer a los otros jugadores. Un jugador se elimina tan pronto lo hagan caer. La última persona que quede en el juego es el ganador.

«TIRA Y TÁPATE» CON CUATRO EQUIPOS

Este es un juego de mucho movimiento que se juega mejor en un gimnasio o un área similar. Divide el grupo en cuatro equipos iguales. Si tiene una cancha de baloncesto marcada en el piso, puede usarla como el área de juego. De otra manera, necesitas marcar los límites con cinta adhesiva o cualquier otro método. Divide el piso en cuatro cuadrantes.

Asigna un área a cada equipo y explica que los jugadores no pueden salir del área asignada. Puedes usar una bola de voleibol, de playa o de goma (pero no tan grande ni tan dura como la de baloncesto). Este es un juego muy similar al «tira y tápate», pero cada jugador puede tirar la bola a cualquiera de los jugadores en los otros tres cuadrantes. Si la bola alcanza a un jugador más abajo del área de la correa, él o ella queda eliminado del juego. Si la bola falla y se sale de la cancha, el árbitro la tira al equipo contrario (el que está del lado de donde se salió). Si le tiran la bola a un jugador y este la atrapa antes de que rebote en el piso, y no la deja caer, el jugador que la tiró queda fuera del juego.

El equipo ganador es el que dure más (el equipo que todavía tenga por lo menos un jugador después que los otros han sido eliminados), o el equipo que más jugadores tenga al final de un límite de tiempo específico.

• **Bola más allá del límite.** A los muchachos le encanta jugar a pegarse con bolas, pero ahora que ya son más grandes, el juego se puede tornar muy peligroso. Así que esta es una versión llamada «bola más allá del límite».

Divide el grupo en dos equipos.

Si en el grupo hay adolescentes y jóvenes mayores, mézclalos para hacer la competencia más pareja al incluir jugadores de ambas edades.

Escoge un área de juego que tenga un límite cuadrado. Un gimnasio, un estacionamiento o un campo de fútbol que delimites con sogas, sirven para este propósito. Establece una línea divisoria y deja que cada equipo escoja su lado.

El juego consiste en rodar o rebotar la bola a través de la línea límite del equipo contrario. Los jugadores solo pueden rodar o rebotar la bola (para evitar las lesiones a manos de los jugadores con un fuerte brazo para tirar). Un árbitro es muy útil y los jueces de puntuación son una gran ayuda para determinar si un punto es o no válido. Los puntos no son válidos a menos que la bola ruede o rebote sobre la línea.

• **Bola por todos lados.** Esta es una variación con mucho movimiento del juego original de «tira y tápate». Aquí no hay equipos. Para comenzar el juego, pide que los jugadores se paren en el centro de un salón a prueba de jóvenes o en un gimnasio, y luego tira con todas tus fuerzas la bola contra una de las paredes. En este punto, todo el mundo se riega por el área de juego.

Cualquiera puede atrapar la bola por el resto del juego. Cualquier jugador puede atrapar y lanzar la bola luego que rebote en el piso, el techo o una pared, pero no puede dar más de dos pasos antes de tirarla a uno de los muchos blancos humanos regados por la cancha (y que están libres para correr como quieran). Un blanco queda eliminado si lo alcanza un tiro directo de una bola y no puede atraparla. Un lanzador queda fuera si le tira la bola a un jugador y este la atrapa en el aire, o si le pega en la cabeza a otro jugador.

Lo curioso de «Bola por todos lados» es que los jugadores eliminados se sientan en el piso justo en el lugar

Bola por todos lados

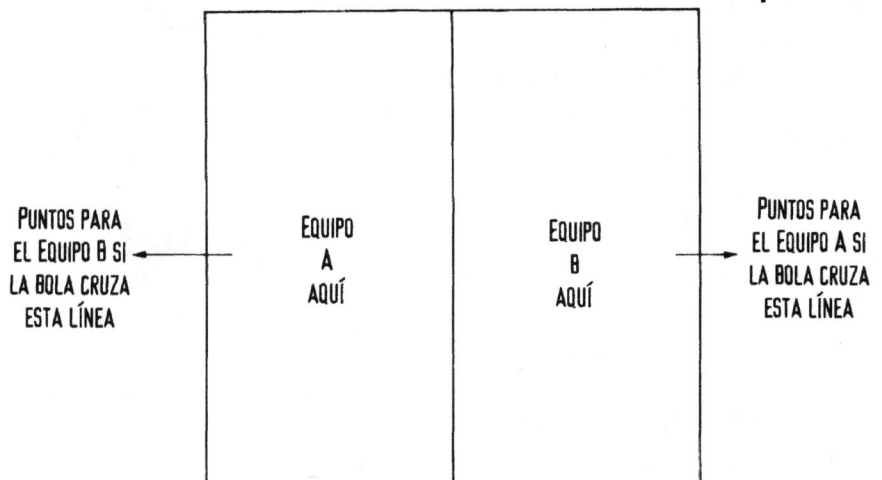

| PUNTOS PARA EL EQUIPO B SI LA BOLA CRUZA ESTA LÍNEA ← | EQUIPO A AQUÍ | EQUIPO B AQUÍ | → PUNTOS PARA EL EQUIPO A SI LA BOLA CRUZA ESTA LÍNEA |

donde le dieron; deben quedarse sentados y no pueden moverse por el piso. Todavía pueden eliminar a los lanzadores si atrapan una bola en el aire o si le dan con la bola a un jugador que esté corriendo. Además, pueden pasarle la bola a los participantes que están sentados. Su presencia aumenta el riesgo para los jugadores que están corriendo por la cancha, especialmente mientras el juego sigue progresando y hay más y más de ellos por todo el piso. Un lanzador puede colaborar con los jugadores sentados rodando o tirando la bola hacia uno de ellos.

La última persona en pie es la ganadora y comienza el próximo juego. *David Buck, Samuel Hoyt y John Gilbert*

JUGAR A LOS BOLOS EN PAREJAS

Coloca tantos bolos como parejas tengas en un círculo. Luego pídeles a las parejas que se tomen de las manos y formen un círculo alrededor de los bolos. A la señal, cada persona intenta empujar a su pareja para que tumbe el bolo. El que le pegue a un bolo queda eliminado, se forman nuevas parejas, se ajusta el número de bolos y comienza una nueva ronda hasta que surja un ganador. *Fred Winslow*

MALVAVISCOS EMPAQUETADOS

Coloca a tu equipo en un círculo a una distancia un poco mayor que la de un brazo de distancia. Selecciona el comienzo del círculo y coloca dos bolsas en ese lugar. En una de ellas, echa algunos malvaviscos (*marshmallows*) y deja la otra vacía. Cuando suene el silbato, la persona que esté más cerca de la bolsa comienza a sacar los malvaviscos (uno a la vez) y se lo tira —uno a la vez— a la persona que le queda al lado en el círculo. El jugador al final del círculo, y al lado de la bolsa vacía, echa los malvaviscos en la bolsa. El equipo tiene un minuto para ver cuántos malvaviscos pueden mover alrededor del círculo y echar en la bolsa.

Para añadir una peculiaridad al juego, coloca a un jugador del equipo contrario al lado de la bolsa vacía, y mientras se van echando los malvaviscos en la bolsa, él o ella los saca y se los come tan rápido como pueda. solo puede sacarlos uno a la vez y con una mano. Un jugador que se los coma rápido puede llevar al mínimo el conteo final.

Otro juego con malvaviscos sustituye el juego de atrapar la manzana. En lugar de manzanas flotando en agua, usa malvaviscos en chocolate derretido. *Doug Dennee*

JUEGO DE «BALCONES»

Este es un juego excelente para diez a cien participantes. Juégalo en un salón bastante grande o al aire libre. Marca claramente la zona de juego con cinta adhesiva, tiza, etc., como se muestra en el diagrama. Una sección es el «Balcón Oeste», una el «Balcón Central» y el último el «Balcón Este». Comienza el juego diciéndole a todo el grupo que se pare en una sección del«balcón». Grita el nombre de uno de los balcones (aun hasta el balcón en el que los jóvenes están parados) y luego los jugadores deben correr a la sección que indicaste. Si, por ejemplo, los muchachos están en el «Balcón Este» y tú gritas «Balcón Este», cualquier jugador que cruce la línea o sale del balcón de cualquier otra manera (excepto porque otro jugador lo empuje), se elimina del juego. El juego sigue rápidamente hasta que un jugador es el ganador.

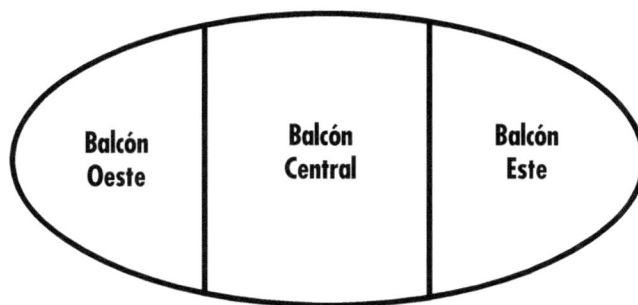

Algunos consejitos para dirigir este juego:
• Permite que los jugadores practiquen un rato para que «calienten» y para que los muchachos nuevos en el grupo «entren en calor» con el juego.
• Grita fuerte y claro los nombres de los balcones.
• Para que los jugadores se frustren en serio, señala hacia la dirección contraria del balcón al que se supone que se muevan.

He aquí algunos «balcones» adicionales que puedes añadir a los originales para complicar más el juego:

Segundo balcón	**Balcón para aviones**
Tercer balcón	**Balcón para tomar el sol**
Cuarto balcón	**Balcón superior**
Balcón de paseo	**Balcón inferior**
Balcón para botes	**Balcón principal**

Si lo deseas, también puedes añadir actividades especiales en cada una de las áreas. Por ejemplo, que los jugadores aplaudan cuando están en el Balcón Superior. Además, las instrucciones que siguen pueden provocar una divertida confusión si se entremezclan con las instrucciones para moverse de balcón:

• **¡Acuéstate en el piso!:** Los participantes deben acostarse boca abajo.

• **¡Fuera del balcón!:** Los participantes tienen que salir completamente del área marcada y no pueden volver a entrar, sin importar qué otra instrucción se grite, hasta que escuchen: «¡Dentro del balcón!»

• **¡Dentro del balcón!:** Los participantes pueden volver a pararse en el área marcada.

Rick Bundschuh y Steve Perisho

¡ATRAPADOS EN EL CÍRCULO!

Este es un juego que incluye velocidad, emoción, rudeza y trabajo en equipo... ¡a los muchachos les fascina esto! Divide el grupo en dos equipos iguales y pídele a uno que forme un rectángulo o un círculo (con una distancia uniforme entre los jugadores), y al otro, que se meta dentro del círculo y se disperse lo más posible. A la señal, el equipo exterior tratará de pegarle con una bola (¡de goma y liviana!) a todos los jugadores del equipo interior lo más rápido posible. No se permite pegar en la cabeza ni rebotar la bola en el suelo. Cuando le hayan dado a todos los jugadores, se para el reloj, se registra el tiempo y los equipos intercambian posiciones. El equipo exterior con menos tiempo es el ganador. También puede registrar los mejores dos tiempos de tres rondas o combinar los totales de tiempo. Asegúrate de que los jugadores se quiten los espejuelos y diles que deben apuntar desde los hombros hacia abajo. No uses bolas duras, como las de fútbol, baloncesto o voleibol. *Norma Bailey*

SENTADOS... ¡EN EL AIRE!

Este juego puede ser realmente divertido, pero si no se hacen bien las cosas, puede convertirse en un desastre espectacular . Primero, organiza a todo el mundo en un círculo donde los jugadores estén hombro con hombro. Luego pídeles que se volteen hacia la derecha, mirando la espalda de la persona que tienen de frente. Cuando cuentes hasta tres, todos se sientan.

Si todo se hace de la manera correcta, todo el mundo se sentará simultáneamente en la falda de la persona que tiene detrás. Si la sincronización no es muy buena... Para complicar el juego un poco más, pídeles a los jugadores que crucen la pierna derecha sobre la izquierda antes de sentarse. Asegúrate que todo el mundo tenga las manos a los lados. *Marshall Shelley*

CARRERA ENTRE LAS PIERNAS

Esta es la vieja y conocida carrera entre las piernas con un giro imprevisto. Pídeles a los jugadores que hagan una fila sencilla y separen las piernas lo suficiente como para que alguien pueda gatear entre ellas. Los jugadores deben tener sus manos en las caderas de la persona parada al frente de ellos. Las filas deben estar detrás de un punto de partida. A la señal, la última persona gatea entre las piernas del equipo y se para al frente de la fila. Tan pronto se ponga de pie, la persona que ahora está en el último lugar, comienza a gatear, y así sucesivamente. La fila se va «moviendo» hacia delante y el primer equipo en cruzar la línea de llegada es el ganador. solo un jugador a la vez puede gatear por cada equipo. *Ken McCoy*

«EL HIELO»

Elige a un jugador para que sea «el hielo». «El hielo» toca a todos los jugadores que quiera, y estos se «congelan» cuando los tocan. Los jugadores congelados pueden obtener la libertad separando las piernas y permitiendo que un jugador libre pase entre ellas. «El hielo» debe congelar a todos los jugadores libres y el juego termina. Añádele más acción al juego nombrando «el hielo» a dos o tres jugadores. *Steve Illum*

EL GRAN MÚSICO

Este entretenido juego se parece a «el hielo». Sin embargo, en lugar de que el jugador que es «el hielo» toque a los demás participantes, «el hielo» (también llamado el «músico») toca a los jugadores con una batuta, un periódico enrollado o algo similar. Cuando un jugador es alcanzado por la batuta, no solo debe quedarse paralizado sino que también debe empezar a hacer el sonido de algún instrumento musical (puede dar algunos ejemplos antes de empezar el juego). El jugador sigue paralizado y haciendo ruido hasta que un jugador «libre» lo toca. Puede designar un área segura de descanso. El gran músico es un excelente juego para jugar en la oscuridad. *Mark Masterson*

TOQUE EN CADENA

Este es un juego de mucha acción que puede jugarse bajo techo o en exteriores. Una persona comienza siendo «el jugador X», pero cuando empieza a tocar a otros jugadores, los va tomando de la mano, haciendo una cadena, y estos continúan tocando jugadores como una unidad. Cuando haya ocho jugadores en la cadena, esta se rompe y se forman dos grupos de cuatro. El juego continúa con cada grupo tratando de alcanzar a más jugadores. Cada vez que la cadena haya tocado a cuatro jugadores, esta se rompe y se forma un nuevo grupo de cuatro. El resultado final será varios grupos de cuatro persiguiendo a ese jugador que todavía nadie ha podido atrapar. El juego continúa hasta que todo el mundo haya sido atrapado. Correr en grupo es muy divertido. *Joyce Bartlett*

¡ENCARCELADOS!

Divide el grupo en policías y ladrones. Este juego debe jugarse en y alrededor de un salón grande, preferiblemente que tenga por lo menos dos salidas. Para construir la cárcel en el salón, haz un cuadrado con sillas, mesas o bancos. Los policías tratan de capturar a todos los ladrones tocándolos y enviándolos a la cárcel. Los ladrones, mientras evitan que los alcancen, tratan de liberar a sus compañeros ladrones en la cárcel. Para liberarlos, simplemente tienen que tocar la cárcel. No pueden haber más de tres prisioneros en la cárcel a un mismo tiempo. Si hay más de tres, todos los ladrones quedan en libertad.

Intercambia los equipos una vez hayan atrapado a todos los jugadores o después que pase cierto período de tiempo. Para hacerlo más fácil, los ladrones recién liberados tienen diez segundos «de gracia» antes de que puedan volver a capturarlos. *Andy Brown*

¡BAJA LA CADENA!

En esta versión de «correr y tocar» se añade una nueva «enjuagada» al clásico juego. Marca el área de juego de acuerdo al tamaño de tu grupo. Escoge a uno o más jugadores para que sean «el hielo». Estos jugadores tienen la tarea de correr por toda el área de juego y tratar de tocar a otros participantes. Los jugadores que sean alcanzados están «muertos» y deben arrodillarse en una rodilla y extender un brazo hacia el lado. Los jugadores muertos pueden volver a jugar solo cuando

un jugador libre se siente en su rodilla y le baje el brazo; o sea, «baje la cadena» del inodoro (sanitario, taza, retrete). El juego termina cuando todos los jugadores, excepto «el hielo», están arrodillados. *Randy Hausler*

¡ATAQUE AÉREO!

La próxima vez que vayas a comenzar una sesión de juegos, anuncia al principio que el grupo siempre está en peligro de un ataque aéreo enemigo de origen desconocido. Si el líder grita: «¡ataque aéreo!», todo el mundo ya tiene la advertencia de que debe acostarse boca abajo en el piso. La última persona en hacerlo, será penalizada restándole puntos a su equipo (determina de antemano cuántos puntos vas a quitarle).

El elemento sorpresa funciona muy bien con este juego. De vez en cuando, en medio de cualquier otro juego, el líder solo debe gritar: «¡ataque aéreo!». Siempre hay algunos jóvenes que olvidan lo que tienen que hacer y se quedan parados, lo que le cuesta preciados puntos a su equipo. Esta una excelente «atracción adicional» para tu tiempo de juegos. *Joe Falkner*

SILBATO DE BANANA

Divide el grupo en tres equipos o más. Coloca a tres jugadores de cada equipo a una distancia aproximada de seis metros (veinte pies), según se ilustra en el diagrama.

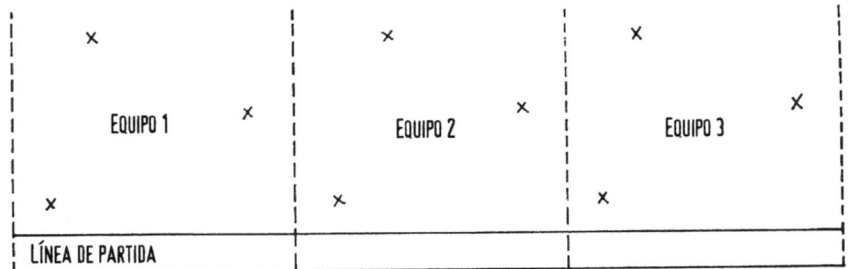

Una cuarta persona de cada equipo se coloca en la línea de partida y debe tener los ojos vendados. A la señal, los jugadores en las otras tres posiciones dentro del área de juego comienzan a gritarle al jugador vendado tratando de que se acerque lo suficiente como para que puedan tocarlo sin ellos moverse de sus posiciones. Esto debe hacerse en orden (primero el jugador #1, luego el #2, etc.). Después de alcanzar a todos los jugadores de su equipo, el jugador que ha estado moviéndose se quita la venda y corre a la línea de partida donde hay una quinta persona esperándolo para darle una banana (banano, plátano, guineo). Tan pronto se coma la fruta, debe silbar una tonada asignada lo más alto que pueda por al menos quince segundos.

Este es un buen juego para reírse un rato y para fomentar la competencia entre equipos. Si hay más jugadores por equipo, puedes colocar a más de tres participantes en el área de juego, siempre es bueno tenerlos cerca para que animen a los que están jugando. *Brenda Clowers*

UNA SARDINA Y MUCHOS CIEGOS

Este es un divertido juego que fomenta el compañerismo en el grupo y donde no hay ganadores ni perdedores. Todo lo que necesitas es un salón grande y vendas para taparle los ojos a todos los jugadores.

Escoge a una persona (o pide un voluntario) para ser la «sardina» y no le pongas la venda en los ojos. El resto de los jugadores tienen vendas en los ojos y tratan de localizar a la sardina. Cuando un jugador vendado tropieza con otro, le pregunta si él o ella es la sardina. Si alguien toca a la sardina esta debe contestar que sí. Cuando un jugador toca a la sardina, debe tomarla de la mano por el resto del juego, de modo que se va formando gradualmente una cadena. La sardina no puede intentar evitar que los jugadores la toquen y tiene la libertad de caminar por todo el salón. El juego termina cuando todo el mundo forme parte de la cadena. *Thomas M. Church*

SOMBRERO LOCO

Este es un juego en el que todos participan y se torna bastante «salvaje». Todos los jugadores deben llevar puesto algún tipo de sombrero. Luego dale a cada juga-

dor un «bate»; esto es, una media llena de otras medias o algo suave. A la señal, los jugadores tratan de tumbarle el sombrero a los demás evitando que le tumben el que ellos o ellas llevan puestos.

Los jugadores no pueden usar sus manos para protegerse ni a ellos ni a sus sombreros. Tampoco pueden pegarse con otra cosa que no sea el «bate» (la media). Los jugadores que pierdan sus sombreros quedan fuera del juego. La meta es ver quién es el jugador que más dura con el sombrero puesto.

Para añadir una variación, cada jugador lleva un sombrero de papel sobre la cabeza que descansa sobre sus orejas. Cada jugador recibe varias páginas de periódicos enrolladas. El propósito es el mismo, tumbar el sombrero de papel de los otros jugadores sin que ellos alcancen el tuyo. Nadie puede aguantar el sombrero con las manos. *Ed Laremore*

CACERÍA HUMANA

Divide el grupo en equipos y cada equipo debe elegir un líder. Todos los jugadores deben permanecer en un área designada. Un juez se ubica en una posición que quede a la misma distancia de cada equipo. Por ejemplo, si son cuatro equipos cada uno se debe ubicar en una esquina del salón y el juez en el centro.

Entonces, el juez va diciendo una característica similar a las que presentamos abajo, y el líder de cada grupo trata de encontrar a alguien que la tenga. Tan pronto encuentre a alguien, el líder la toma por la mano y corren como locos hacia donde está el juez. El primer equipo que le dé en la mano al juez (y lleve a la persona correcta) gana un punto para su equipo.

He aquí algunas características que pueden usar. Busca a alguien que...

−Tenga ojos azules y pelo marrón
−Recibió todas las calificaciones A o 10 en el período anterior.
−Corre todos los días
−Está comprometido(a) para casarse
−Le gusta el brécol
−Le envío una postal a un amigo(a) hoy
−Se memorizó un versículo de la Biblia en esta semana
−Viajó al extranjero en este año
−Lleva puestos unos tenis marca Nike (o cualquiera que sea común en su país)
−Está masticando un chicle verde
−Vino a la iglesia en una camioneta azul
−Recibió una infracción de tránsito en este mes
−Escribió hace poco una nota de agradecimiento.

Shock

SHOCK, LANZADORES DE MONEDAS — JUGADOR CON LA CUCHARA — CUCHARA — ÁRBITRO — ÁRBITRO — EL SHOCK VA EN ESTA DIRECCIÓN →

SHOCK

Dos equipos hacen dos filas sencillas y se toman de las manos (según se ilustra en el diagrama). En uno de los extremos del equipo hay una cuchara en el piso (o en una mesa) y en el otro extremo hay una persona de cada equipo con una moneda en la mano.

Los dos jugadores con las monedas comienzan a lanzarlas al aire, al estilo «cara y cruz», y la muestran a la primera persona en su equipo. Si es cruz, no pasa nada. Si es cara, la primera persona rápidamente le aprieta la mano a la segunda persona, quien se la aprieta a la tercera y así sucesivamente hasta llegar al final de la fila. Tan pronto le aprietan la mano al último jugador en la fila, este trata de alcanzar la cuchara. Luego de tomar la cuchara, la vuelve a colocar en su lugar original y corre hacia al frente y se convierte en la persona que lanza la moneda al aire. Esto continúa hasta que todos los jugadores han ocupado las posiciones de lanzar la moneda y tomar la cuchara. El primer equipo que logre colocar a todos sus jugadores en las posiciones originales es el ganador.

Nadie puede apretar la mano de un compañero sin que antes hayan apretado la suya. Esto es como un *shock* eléctrico que se va moviendo por la fila. Debes colocar un árbitro en cada extremo de las filas de los equipos para asegurarte que todo se está haciendo según las reglas. Un falso *shock* provocará que se tenga que lanzar la moneda otra vez. Es una buena idea que los jugadores practiquen sus apretones de manos antes de comenzar para que así todos sepan hacerlo bien y fuerte. De otro modo, pueden confundir cualquier otro movimiento leve con un apretón. *Adrienne Anderson y John Bohling*

DESAFÍOS ACOLCHONADOS

Divide a tu grupo en varios equipos. Cada equipo necesita un colchón. Si los colchones son pequeños, entonces necesitarás dos por equipo, colocados uno al la-

do del otro; o ajusta el tamaño de los equipos según sea el tamaño de los colchones que tengas disponibles. Los equipos se paran alrededor del colchón, sin pisarlo. Entonces el líder da una instrucción y cada miembro del equipo debe hacer en el colchón lo que dice el líder. El primer equipo en completar correctamente la tarea recibe los puntos por esa ronda. Todo debe hacerse encima del colchón. A continuación algunos ejemplos:

- Que construyan una pirámide de seis (o diez) personas.
- Que doce jugadores se sienten formando un círculo con todos los pies juntos en el medio.
- Que cuatro jugadores se paren de cabeza (sobre las manos), uno en cada esquina del colchón.
- Que todos los jugadores se suban al colchón (esto es especialmente interesante si tienes grupos grandes).
- Que cuatro chicas se suban en los hombros de cuatro chicos.
- Que quince jugadores se acuesten boca abajo, uno al lado del otro.

Puedes inventarte tus propios desafíos. Es una buena idea tener un árbitro por equipo para determinar cuándo la tarea se ha ejecutado correctamente.

¿CUÁNTOS CABEN?

Este juego es sencillo pero muy divertido. Divide el grupo en dos equipos. Dibuja un cuadrado en el piso (el tamaño depende de la cantidad de jugadores que tengas), y mira a ver cuántos muchachos y muchachas pueden meterse dentro del cuadrado. Todo es legal mientras que ninguna parte del cuerpo esté tocando fuera de la línea del cuadrado. Establece un límite de tiempo y provoca la competencia entre equipos. *Jim Bowes*

PUNTUACIONES AL AZAR

La próxima vez que tus jóvenes estén compitiendo en varias juegos y quieras mantener el entusiasmo después de cada competencia sin que haya un equipo que sea siempre el ganador, aquí te damos una idea para «regalar» puntos y mantener la competencia más cerrada.

Antes de comenzar la competencia, determina cuántos puntos vale cada evento. Asegúrate de tener suficientes de modo que cada equipo reciba puntos después de cada evento. Por ejemplo, si tienes cinco equipos, necesitas por lo menos cinco puntuaciones; por ejemplo, 10, 8, 6, 4 y 2. Luego de tomar esta decisión, prepara un tablero y mezcla las puntuaciones en un orden al azar:

Cubre los puntos con cuadrados de papel en colores,

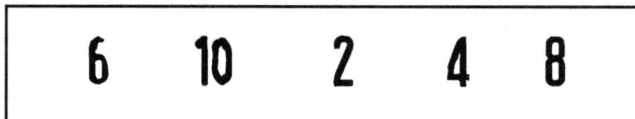

6	10	2	4	8

con una letra en cada uno de ellos (como se ilustra en el diagrama).

Después de cada evento, los puntos se otorgarán de la

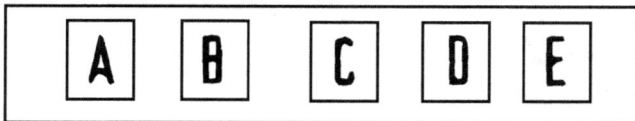

A	B	C	D	E

siguiente manera: El equipo ganador tiene la primera oportunidad de escoger una letra del tablero. El segundo equipo, escoge la segunda y así sucesivamente. Algunas veces el último equipo en seleccionar la letra es el que escoge la mayor puntuación pues nadie sabe qué hay detrás de cada letra. Sin embargo, al primer equipo siempre le gusta tener la oportunidad de ser el primero en escoger, a pesar de que todo es cuestión de suerte. Esto no solo mantiene cerrada la competencia, sino que ver a los equipos hacer su selección de letras añade un suspenso adicional. *Billy Richter*

ARDILLAS

Este juego puede usarse en áreas de juegos exteriores como bajo techo. El grupo forma varios círculos pequeños con cuatro jugadores cada uno. Cada círculo representa un árbol hueco; los jugadores deben tomarse de las manos. Una persona de cada círculo entra al centro del círculo y se convierte en la ardilla que vive dentro del árbol hueco. Otros dos jugadores —que no forman parte del círculo— se convierten en una ardilla sin árbol y un perro de caza. El perro persigue a la ardilla sin hogar hacia adentro y hacia fuera de los árboles. Por seguridad, la ardilla puede subirse en cualquiera de los árboles, pero la ardilla que ya está en el árbol debe entonces salir del árbol y huir del perro cazador. Si el perro cazador toca a la ardilla que está huyendo, la ar-

dilla se convierte en el sabueso, el sabueso se vuelve ardilla, y el juego continúa. *Glenn Davis*

AVIONES Y GRANADAS

¿Así que a tus muchachos y muchachas les gusta hacer avioncitos con los papeles de la Escuela Dominical? ¡Es hora de poner en práctica su experiencia! Necesitas un gimnasio o un salón grande, que tenga una cancha marcada en el piso.

Divide el grupo en dos equipos, donde cada uno tenga un área «segura» al frente y una zona de batalla en el medio. Cada persona hace un avión de papel y una granada de papel. El propósito del juego es similar a «tira y tápate», pero esta vez en vez de usar una bola, vas a usar aviones y granadas para pegarle a tus oponentes. Si un avión le pega a un jugador, queda eliminado del juego. Si le pega una granada, entonces pierde su avión y solo puede tirar granadas. Todos los jugadores deben permanecer en el campo de juego todo el tiempo y cualquier avión que recoja, debe *entregarlo* a un compañero de equipo.

A continuación algunas reglas adicionales:

1. Los aviones y las granadas deben tirarse. Si el jugador sencillamente toca al oponente con su avión o su granada se considera autodestruido, se elimina del juego y tiene que entregar sus aviones y granadas al oponente.

2. Los jugadores no pueden cruzar la zona segura de sus contrarios, excepto cuando, en algún momento, el árbitro grite: «Ataque aéreo!» Sin embargo, los jugadores pueden pararse en la línea y tirar aviones y granadas dentro del área segura de sus oponentes.

3. Un golpe en la cabeza o en la cara de un oponente mientras este está parado (no esquivando) implica autodestrucción y el que lo tira queda eliminado del juego.

4. Si el jugador es alcanzado por granadas rodando o aviones que se deslizan por el piso, cuenta igual que los que van por el aire. No se pueden recoger aviones ni granadas hasta que paren completamente. (Tampoco pueden pararse con los pies.) Las granadas y los aviones que reboten en las paredes se consideran muertos y no cuenta si alcanzan a un jugador.

5. No se permiten los ataques directos (mano a mano) entre jugadores, y se considera muerte inmediata para el jugador que lo inicie.

Usa estas señales:

• Un silbato largo es un tiempo de descanso de quince segundos en las zonas seguras de ambos equipos.

• Dos silbatos cortos implican un ataque aéreo.

• Un silbato corto es un ataque; esto es, todos los jugadores deben entrar en la zona de batalla. *Allen Johnson*

BOLAS ASESINAS

Este es un juego bajo techo para dos equipos. Necesitas cinco jugadores por equipo pero puedes jugar con muchos más, dependiendo del tamaño del salón que tengas disponible. El salón debe tener paredes resistentes y espacio para correr.

Dos equipos con la misma cantidad de jugadores se alinean en las paredes opuestas, aproximadamente a un metro (tres pies) de distancia de la pared. Luego cada jugador recibe un número.

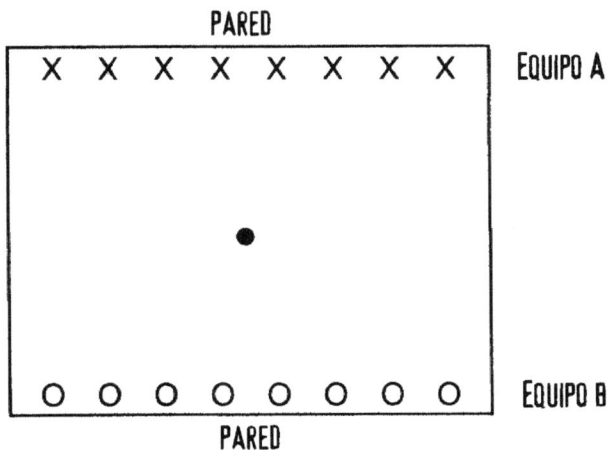

```
              PARED
 ┌─────────────────────────────┐
 │ X  X  X  X  X  X  X  X │  EQUIPO A
 │                             │
 │                             │
 │              ●              │
 │                             │
 │                             │
 │ O  O  O  O  O  O  O  O │  EQUIPO B
 └─────────────────────────────┘
              PARED
```

Coloca la bola en el centro del salón (cualquier tipo de bola sirve). El líder dice un número y los dos jugadores que tienen el número (uno de cada equipo), corren hacia el centro y tratan de darle con la bola a la pared del equipo contrario. Los jugadores parados al frente de la pared tratan de prevenir que esto ocurra.

Los jugadores deben intentar llevar la bola al canasto de cualquier forma posible: en brazos por toda la cancha, tirándola, pateándola, rodándola... de cualquier manera. Todo es válido. *Ralph Gustafson*

GUERRA DE LUCES

«¡Dejen de correr por los pasillos!» es la advertencia continua que le hacemos a los muchachos. Pero pide el permiso pastoral, de la junta de oficiales, de los padres... el que necesites y permíteles correr aunque sea esta vez. Este es un juego perfecto para jugarse durante la noche. Divide el grupo en dos equipos y marca el territorio de cada uno (un edificio de dos pisos hace esta tarea fácil).

En lugar de alcanzar y tocar el enemigo para capturarlo, cada jugador debe tener una linterna para alumbrar a un jugador enemigo y llamarlo por su nombre. Cuan-do esto ocurra, el jugador alumbrado deberá sentarse por cinco minutos.

Si juegas varias rondas de Guerra de luces durante la noche, seguramente algunos jóvenes querrán salirse del juego para disfrutar de la película «Guerra de las Galaxias» que puedes estar exhibiendo al mismo tiempo. *Dick Read*

GLOBOS EN LA PARED

Este es un juego para el que se requiere mucha energía y donde se mezclan elementos de juegos anteriores.

Crea un área de juego en tu gimnasio (o en un salón grande, siempre y cuando las paredes sean bien resistentes), asignando un color a cada pared y pegando en ella cincuenta globos inflados de ese color. Asigna un territorio para cada color que se extienda unos seis metros (veinte pies) de distancia de la pared, y deja una amplia «zona libre» en el centro del gimnasio (ver diagrama). En el centro de cada uno de los cuatro territorios, coloca una «caja fuerte» (una caja de cartón grande). En la esquina de cada territorio, designa un área como la «cárcel» del equipo.

Ahora divide el grupo en equipos, uno por cada territorio. Cada equipo debe seleccionar a ciertos jugadores para ser los invasores, los defensores y el policía de la cárcel.

• **Invasores.** Los invasores tratan de tumbar los globos de la pared del equipo contrario con bolas de goma (u otro tipo), lanzadas solo desde la zona libre. Un invasor no puede tirar la bola a menos que esté en la zona libre. Los invasores también pueden «robar» globos de la pared enemiga invadiendo su territorio. El invasor coloca los globos robados en la caja fuerte de su equipo. Sin embargo, los invasores no pueden robar los globos de la caja fuerte del equipo contrario.

•**Defensores.** Estos jugadores defienden su pared atrapando o desviando las bolas. Pueden capturar a los invasores si los tocan dentro del terreno de los defensores. Los invasores capturados se llevan a la prisión. Los defensores no pueden regresar a la pared de globos donde pegó la bola.

•**Reglas de la cárcel.** Un equipo puede negociar el rescate de sus invasores en prisión intercambiando tres globos de su caja fuerte por su invasor encarcelado. El equipo que tiene al prisionero, de aceptar el intercambio, puede volver a colocar estos globos recuperados en su pared.

Asigna un tiempo límite para el juego. Al final, cada equipo gana cinco puntos por cada globo que esté todavía en su pared y diez puntos por cada globo que tengan en la caja fuerte. *James Bell*

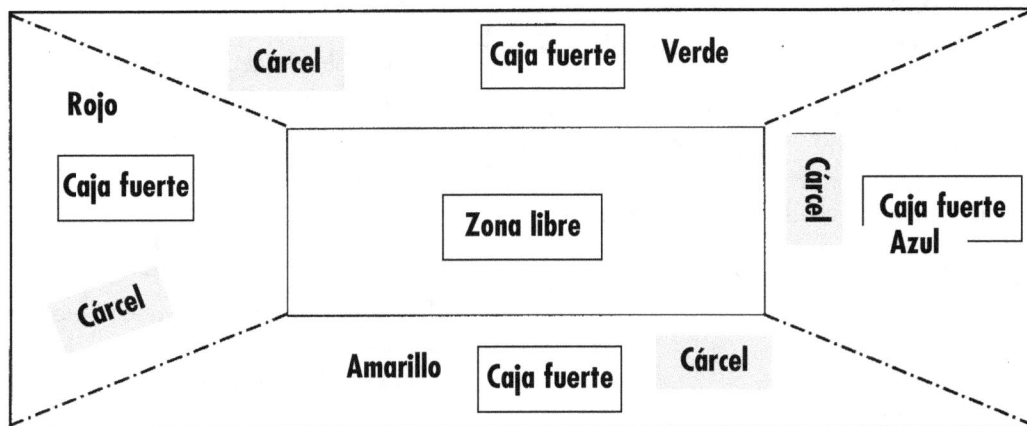

Rojo	Cárcel	Caja fuerte	Verde
Caja fuerte		Zona libre	Cárcel / Caja fuerte Azul
Cárcel	Amarillo	Caja fuerte	Cárcel

LABERINTO DE CINTA ADHESIVA

Si tienes un cuarto bastante grande con un piso liso, y algunos rollos de cinta adhesiva ya tienes todo lo que necesitas para estos dos juegos:

• **¡Atrápame si puedes!** En este juego los participantes necesitan fingir que las franjas anchas de cinta adhesiva que has pegado en el piso en forma de laberinto representan paredes invisibles, y al mismo tiempo impenetrables, que no pueden atravesarse ni brincarse. Lo más práctico es tener varios árbitros para que estén pendientes a los que quieran tomar atajos por las esquinas o jugadores que suban por las paredes, los que pueden ser penalizados convirtiéndose en un «el hielo».

Una variación para el otoño: En lugar de usar cinta adhesiva, forma el laberinto con líneas de hojas secas recogidas en el suelo.

LABERINTO DE CAJAS

Para poder armar este juego necesitas conseguir por lo menos cuarenta cajas grandes. Puedes pedir donaciones en una fábrica de cajas, una tienda de electrodomésticos o en supermercados (las de tamaño nevera son perfectas). Quítales todas las grapas para evitar accidentes o dañar la ropa de los muchachos. Inserta un extremo de la caja dentro de otra y séllalas bien con cinta adhesiva. Crea intersecciones de cuatro esquinas, otras del tipo T y «calles» sin salida para retar la imaginación de los chicos y chicas mientras van gateando por el túnel.

Antes de que los jugadores entren en el salón donde tienes el laberinto, apaga las luces para que no tengan idea de la «ruta». Coloca algunos voluntarios dentro del laberinto con linternas en caso de que haya algún problema. Envía grupos de tres o cuatro jugadores y asegúrate de que siempre haya alguien adentro con una linterna que pueda asistirlos, de ser necesario.

Si no tienes tiempo para crear el laberinto, recluta a algunos estudiantes para que lo hagan. Los mayores, por ejemplo, se deleitan en someter a los más jóvenes a cualquier tipo de dificultad. Puedes usar el laberinto como ilustración para hablar sobre la dirección de Dios, la toma de decisiones, el miedo o caminar en la oscuridad. *Elliott Cooke*

CALLES Y CALLEJONES

Una persona es «el hielo» y persigue a otra a través de un laberinto de personas.

Forma el laberinto de esta forma: todo el mundo mira en una dirección y se toma de las manos, formando así los callejones. Cuando el líder grite: «¡Calles!», todos los jugadores que están formando el laberinto se voltean y vuelven a tomarse de las manos. Esto provocará que cambie la configuración del laberinto. Cuando el líder grite: «¡Callejones!», todo el mundo se voltea noventa grados y vuelven a tomarse de manos.

Mientras tanto, «el hielo» está tratando de alcanzar y tocar a un corredor en el laberinto. Ni «el hielo» ni el corredor pueden romper la cadena de manos, aunque «el hielo» sí puede alcanzar al corredor por debajo o encima de las manos.

¡DINERO A GRANEL!

Compra dinero de jugar en denominaciones de US$1.000 (ajústalo según la moneda de tu país) o pídele a los muchachos que los hagan. Reparte la hoja ¡Dinero a granel! (página 50) y dale a cada jugador un billete por cada participante que haya en el juego. Por ejemplo, si hay diez jugadores cada persona recibirá diez billetes. *Bradley Bergfalk*

$$$

¡DINERO A GRANEL!

Instrucciones: Tienes en tus manos US$1.000 por cada persona en el grupo. Tu objetivo es multiplicar tu dinero lo más rápido posible acercándote a cada miembro del grupo y retándolo a hacer una de las siguientes actividades. Luego de que compitas con los miembros de tu equipo, pídeles que escriban sus iniciales en el espacio de la izquierda.

Algunas de estas actividades se basan en elementos que están totalmente fuera de tu control; otras, exigen cierto grado de experiencia (aunque no mucha). Tu tiempo está limitado, así que úsalo sabiamente.

¡Ah! Y una cosa más. No puedes acercarte a un jugador más de una vez para la misma actividad.

_____1. Encuentra a otra persona que cumpla años en el mismo mes que tú. La persona que cumpla más cerca al día primero del mes gana US$1.000.

_____2. Juega piedra-papel-tijeras (hasta tres veces). El ganador toma US$1.000 en cada ocasión.

_____3. Haz una burbuja con goma de mascar. La burbuja más grande gana US$1.000.

_____4. La persona que tenga más cambio en monedas en el bolsillo entre ustedes dos gana US$1000.

_____5. La persona que pueda recitar de memoria Juan 3:16 gana US$2.000. Si hay un empate, el jugador que pueda recitar otro versículo bíblico de memoria es el ganador.

_____6. Digan «¡Ahhhh¡» al mismo tiempo hasta que uno de los dos se quede sin aire. El que pueda decirlo por más tiempo es el ganador de US$1.000.

_____7. El que pueda enrollar la lengua gana US$1.000. Si hay un empate, el que pueda también abrir y cerrar los orificios de la nariz es el ganador del dinero.

_____8. El jugador que pueda decir el mayor número de nombres de cantantes cristianos gana US$2000.

_____9. Pulseo con el dedo pulgar. El ganador se lleva US$1.000 (juega hasta tres veces).

_____10. La persona que tenga las uñas de las manos más largas se gana US$1.000. En caso de empate, las uñas de los pies más largas.

_____11. La persona que pueda pararse con su cabeza y tararear todo el himno nacional gana US$3000.

_____12. La persona con las pestañas más largas (sin rimel) gana US$1.000.

_____13. La persona que pueda preguntar: «¿Dónde está el baño?» en otro idioma, gana US$1.000.

_____14. Suma las letras de tu nombre y tus apellidos. El competidor con el nombre más largo gana US$1.000.

$$$

Esponja Musical

Este juego se parece al de las sillas y la música, pero con algunos cambios. Coloca la misma cantidad de sillas como jugadores tengas. Mientras los jugadores dan vueltas alrededor de las sillas, cada jugador debe aguanta por el hombro al jugador que está frente a él o ella. Todos los jugadores deben tener los ojos vendados.

Antes que pare la música, el líder coloca una esponja mojada en una de las sillas. El jugador desafortunado que se sienta en la esponja mojada cuando pare la música (o cuando suene el silbato) queda fuera del juego.

David Rasmussen

Combinaciones de Barajas

Esta es una forma sencilla y divertida para dividir un grupo grande en varios grupos pequeños, o para jugar solo para divertirse. Distribuye en el grupo un juego de barajas, una baraja por jugador. Luego entonces el líder comienza a llamar diferentes combinaciones, por ejemplo:

• «Fórmense en un grupo que sume 8».
• «Busca a tres personas que tengan el mismo número en su baraja» (cinco de corazones, cinco de espadas, etc.)
• «Busca tres barajas en línea».

Para grupos más grandes, usa más juegos de cartas; para uno más pequeño, elimina barajas. ¡Crea tus propias combinaciones! *Scott Oas*

Desafíos

Para jugar, divide el grupo en cuatro equipos con igual cantidad de jugadores. No importa la cantidad que haya en cada equipo. Cada equipo debe tener un nombre y un capitán que también cumplirá la función de llevar la puntuación.

Para comenzar el juego pídele a cada equipo que envíe a uno de sus jugadores al centro del salón. Luego de seleccionar a los cuatro jugadores (uno de cada equipo), el líder los presenta. («Este es Ramón y representa al Equipo de los Delfines»)

Luego de presentar a todos los jugadores, cada equipo se reúne y «vota» por el jugador que ellos piensan va a ser el ganador de un desafío que todavía no se ha anunciado. Todo el equipo debe votar por un solo jugador. El equipo no tiene que votar por su representante.

Después que todos los equipos han votado, el líder saca de un sombrero un desafío o tarea. Puede ser cualquier cosa:

• Infla un globo y siéntatele encima hasta que se reviente.
• Pela una papa con un cuchillo sin filo.
• Lanza una bola de tenis de un lado al otro del salón.
• Tómate una lata de soda a temperatura ambiente y luego eructa.

Cuando suene el silbato, los jugadores comienzan a competir y los cuatro equipos animan al jugador por el que votaron sería el ganador. El jugador ganador entonces anota un punto para el equipo que haya votado por él o ella.

Puedes añadir aun más emoción si le pides a los equipos que adivinen quien va a ganar la segunda y la tercera posición. Puedes otorgar puntos adicionales si aciertan el orden correcto.

Asegúrate de que los desafíos o eventos que asignes sean actividades que cualquier pueda realizar. De hecho, debes tener ciertas actividades que favorezcan a los jóvenes que no sean tan atléticos; como por ejemplo, tratar de resolver un problema de matemáticas un tanto complicado o adivinar la cantidad de habichuelas que hay en una botella. Si usas un poco de creatividad, los muchachos te pedirán jugar este juego una y otra vez. *Eileen Thompson*

Batalla de Cinta Adhesiva

Coloca una mesa en cada extremo del área de juego, forma con sillas una «zona segura» semicircular al frente de cada mesa (ver diagrama) y pega un montón de tiras de cinta adhesiva de cinco centímetros (dos pulgadas) de largo en una de las esquinas hacia la parte del frente de la mesa (dos tiras por cada jugador).

El juego comienza cuando los dos equipos se agrupan en su zona segura, cada uno toma una tira de cinta adhesiva y luego todos entran en la zona de batalla para tratar de pegarle la cinta adhesiva a un jugador contrario en alguna parte del cuerpo debajo de los hombros. Los jugadores no pueden despegarse la cinta adhesiva una vez que los han atrapado. Luego de pegarle la tira a alguien, los jugadores pueden regresar a su zona de seguridad (por solo diez segundos) para buscar otra tira de cinta adhesiva.

VOLUNTARIO — ZONA SEGURA — ZONA DE BATALLA — ZONA SEGURA — VOLUNTARIO

Luego de un período de tiempo establecido, el juego termina, los equipos cuentan las tiras de cinta adhesiva que tienen pegadas en sus cuerpos y el equipo ganador es el que menos tiras tenga. Usar cinta adhesiva en diferentes colores añade un toque colorido al juego, y quizás te funciona para identificar los equipos. *Daniel Atwood*

DE PUNTO A PUNTO

Antes de jugar, compra dos paquetes de etiquetas adhesivas redondas pequeñas (cada paquete de un color distinto), y enuméralas del uno a la mitad del total de jugadores; esto es, si tienes treinta jugadores en tu grupo, enumera los círculos del uno al quince. Haz lo mismo con los círculos del otro color. Ten a la mano varios rollos de hilo de cometa o hilo de tejer, así como algunos rollos de cinta adhesiva.

Divide a los jugadores en dos equipos (o más, si tu grupo es muy grande), y dale a cada equipo un paquete con los «puntos» enumerados. Pídele a todos los jugadores que se peguen un «punto» en la frente, luego haz que se mezclen tal vez usando otro juego, de modo que los dos o más equipos estén muy bien mezclados. A la señal, todos los jugadores se detienen y el capitán de cada equipo recibe el hilo y la cinta adhesiva y se les pide que unan a su equipo «de punto a punto» siguiendo el orden de los números que tienen pegados en la frente. Los capitanes pueden pegar la cinta adhesiva en cualquier parte del cuerpo que quieran, y el primer equipo que lo haga es el ganador.

¿Puedes pensar en un premio apropiado? ¡Un libro de niños con actividades del tipo «de punto a punto»! *Keith Curran*

DELETREA MIS PIES

El objetivo de este graciosísimo juego es que los jugadores formen palabras lo más rápido que puedan. Dos equipos de cinco jugadores cada uno se sientan de frente a la audiencia. Los líderes escriben letras en la planta de los pies de los jugadores usando un marcador negro.

El primer jugador de cada equipo debe tener una A en su pie derecho y una C en su pie izquierdo, el segundo jugador una T en su pie derecho y una U en su pie izquierdo, al tercero una N y una O, al cuarto una S y una I, y al quinto una R y una E.

Cuando estén listos, el líder dice una palabra en voz alta y el equipo que logre armar la palabra en menos tiempo y de forma correcta, gana la ronda. Las palabras tendrán diferentes valores según la dificultad.

• Palabras fáciles, valen cinco puntos: antes, canto, tocar, aro, rosa, sirena, etc.

• Palabras y frases más complicadas, valen diez puntos: actores, cuentos, cintura, asiento, su taco, tu roca, su arco, etc.

• La última categoría vale veinte puntos por palabra y requiere que los equipos creen palabras o frases usando la mayor cantidad posible de letras o combinación de palabras. *Jim Johnson*

BOMBARDEO

Este es uno de esos juegos que los muchachos te pedirán jugar una y otra vez (especialmente los intermedios). Escoge dos equipos al azar y siéntalos en lados opuestos del salón. Cada equipo tiene un blanco, que se sienta con un vaso plástico balanceándolo en la cabeza en algún lugar cerca del final de grupo. Todos los jugadores deben mantenerse sentados en algún lugar durante todo el juego. El objetivo del juego es tumbar el vaso de la cabeza del blanco del equipo contrario con bolitas de papel de periódico. El blanco no puede usar sus manos de ninguna manera, pero los otros miembros de su equipo pueden «batear» las bolas voladoras siempre y cuando sus sillas no se levanten del piso. Cada vez que un equipo tumbe el vaso del oponente se anota un punto.

Los muchachos pueden ser muy creativos en las estrategias para tumbar el vaso: aviones de papel, ataques cooperativos, ametralladora de papeles, etc. Usualmente el juego consumirá una montaña de periódicos. *Phil Butin*

VISTIÉNDOSE EN LA OSCURIDAD

Para este juego necesitas diferentes piezas de ropa, adaptadas a la actualidad y vendas para los ojos. Escribe en tarjetas pequeñas las instrucciones sobre qué actividad va a realizar el jugador y el tipo de ropa que necesita ponerse. Por ejemplo: «La abuela va de compras. Vístete usando vestido, blusa, saco, lentes y peluca. Otra puede decir: «Papá se va al trabajo: ponte pantalón, camisa, corbata, zapatos y portafolios».

Divide el grupo en equipos de siete u ocho jugadores (según la cantidad de ropa que hayas conseguido) y forma un montón de ropa para cada equipo con la misma cantidad y el mismo tipo de vestimenta. Luego entrega una tarjeta de instrucciones que describa el primer atuendo que debe ponerse uno de los jugadores de cada equipo. Una vez los jugadores hayan memorizado la ropa que deben ponerse, véndales los ojos y guíalos al montón de ropa de su equipo. Los jugadores con los ojos vendados tienen tres minutos para sacar del montón de ropa las piezas de vestir correctas y vestirse apropiada y nítidamente: los botones en el ojal correcto, las camisas del lado correcto y los pantalones bien puestos. La única ayuda que tienen los jugadores vendados es su sentido del tacto y las pistas que le gritan sus compañeros de equipo. Al final de los tres minutos, si nadie está completamente vestido, el líder decide quién es el mejor vestido. De otra manera, el equipo del jugador que termine primero y esté vestido correctamente, recibe el punto. *Fay Wong*

¡GASTA UN MILLÓN!

¿Sabes cuánto cuestan cien kilos de nueces? Tus muchachos lo sabrán luego de jugar este juego, que estimula a hacer algo que a ellos les encanta: ¡ir de compras al centro comercial! El objetivo es ser el primer equipo en gastar un millón de dólares (de papel, obviamente) mientras visitan las distintas tiendas.

Entrégale a cada equipo una calculadora, una hoja para registrar sus compras y un bolígrafo. Estas son las instrucciones que debes darle a los equipos:

• Los miembros de un equipo no pueden separarse.
• No pueden comprar más de un artículo por tienda.
• No pueden comprar un artículo repetido.
• No pueden comprar ningún artículo que cueste más de cien mil dólares.

• La secretaria del grupo debe anotar en la hoja de gastos todos los artículos comprados, la tienda donde se compraron y el costo por artículo (ver hoja de muestra).
• Si el artículo se vende por unidades (kilos, milímetros, libras, onzas, etc.), tienes el límite de mil unidades de esa medida (1000 kilos de dulce, 1000 onzas de perfume, etc.).
• No incluyas los arbitrios en la compra.
• No registres el precio original del artículo si está en venta especial (usa este último).
• Solo puedes comprar artículos que estén marcados para la venta. Por ejemplo, no puedes ofrecer comprar la caja registradora o comprar toda la tienda por un millón.
• El primer equipo que se presente en la línea de partida con evidencia de haber gastado su millón, es el ganador.
Puedes darle refrescos y dulces como premios al equipo ganador. *Jim Johnson*

ENREDO DE PIERNAS

Divide a los jugadores en equipos de seis o siete personas. Cada grupo debe formar un círculo, mirando hacia fuera. Luego, amarra a todos los jugadores por los tobillos (por cualquiera de los lados). El objetivo del juego es que se muevan todos juntos alrededor del salón y recojan tiras de tela o cualquier otro material que previamente se hayan colgado del techo, las paredes, etc. Usa distintos colores de tiras para cada equipo. El primer equipo que recoja todas las tiras de su color y las deposite en una caja localizada en forma céntrica en el salón, es el ganador. *Brian Sylvia*

¡A BOLEAR LAS LATAS!

Divide tu grupo en dos equipos; pídeles que se paren en lados opuestos del salón de recreación, el gimnasio o cualquier otra área apropiada para jugar. Entrégales a los jugadores bolas de goma. Entre los dos equipos debe haber una «zona de latas» de un metro (tres pies) de ancho. Coloca en esta zona docenas de latas de refrescos (gaseosas) vacías.

Los jugadores deben «bolear» las latas hasta llevarlas del lado del equipo contrario, pero deben hacerlo sin ellos cruzar la zona de latas. El equipo que tenga menos cantidad de latas en su área luego de dos minutos de juego es el ganador. *John Krueger*

VUELTAS E INTERCAMBIOS

Forma dos círculos concéntricos con igual cantidad de jugadores que estén mirándose de frente. Pídeles a los muchachos que intercambien un artículo que lleven encima por otro que tenga la persona que tienen de frente: prendas, zapatos, medias, cinturones, sombreros, etc. Los jugadores deben ponerse el artículo que intercambiaron.

Ahora pídele al círculo interior que se mueva tres personas hacia la derecha, de modo que cada jugador tenga un nuevo compañero. Los jugadores deben hacer otro intercambio, pero nada de lo que ellos hayan recibido en intercambio. Luego pídele al círculo exterior que se mueva dos personas hacia la derecha y repite el proceso de intercambio. Pídeles que hagan otro intercambio más.

Ya en este momento del juego los jugadores se han quedado sin prendas, zapatos, etc., y pueden sentir algo de vergüenza o preocupación si le pides que hagan otro intercambio. Así que este es tu momento de divertirte con ellos: pídele al círculo exterior que se mueva otra vez dos personas hacia la derecha. Vas a oír quejas y lamentos, pero cuando se muevan, diles que pueden intercambiar algo que ya hayan intercambiado antes. Repite esto dos veces.

Ahora diles que tienen dos minutos para recuperar todos sus artículos. Ofrece un premio para el primer jugador que te traiga todos sus artículos, o tómale el tiempo al grupo para ver qué tan rápido todos pueden recuperar sus artículos y sentarse. *Terry Linhart*

EQUIPOS DE DOMINÓ

Prepara tarjetas de 10x20 centímetros (4x6) como si fueran fichas de dominó. Debes preparar tantos juegos como equipos pienses tener, y cada uno de un color diferente. Además, ponle tantos puntos como jugadores esperes tener en cada equipo. Por ejemplo, cuatro equipos con siete jugadores cada uno harían cuatro juegos de dominó (tarjetas) en rojo, azul, verde y negro, con uno a siete puntos por carta en cada color. Pega las tarjetas en la espalda de los jugadores según vayan entrando y luego explícales: «Al sonido del silbato, tienes que descubrir cuál es tu ficha de dominó y el color. Puedes hacerles preguntas a los demás jugadores que ellos puedan contestar con un sí o un no. Solo puedes hacer una pregunta por persona. Cuando descubras cuál es tu ficha de dominó, entonces ve al área de tu equipo (las áreas deben asignarse antes de comenzar el juego)». El primer equipo que reúna a todos sus miembros en el área correcta y en orden (uno al siete) es el ganador. *Doug Dennee*

CÍCLOPES

Para este juego debes dividir el grupo en equipo de tres a cinco jugadores y deben seleccionar un voluntario de cada grupo. Entrégale a cada equipo los siguientes materiales: cinta adhesiva, periódicos, papel de aluminio, celofán u otros materiales similares. A la señal, el grupo debe cubrir completamente al voluntario con los materiales, excepto un ojo. Una vez el voluntario está completamente cubierto, un árbitro verifica a los «cíclopes» y si no se les ve nada de ropa ni piel, los cíclopes pueden empezar sus ataques (sin interferencia ni ayuda del resto del equipo). Ningún cíclope puede comenzar su ataque sin el permiso del árbitro.

El propósito es atacar —tocando— a los otros cíclopes que todavía no están listos para empezar a atacar. Una vez el jugador toca a un cíclope que no está preparado, este queda eliminado del juego. Los cíclopes todavía no están listos pueden huir y el resto del equipo puede seguir trabajando en los cíclopes mientras estos huyen. Los cíclopes atacantes pueden seguir la persecución hasta que se les caiga alguna pieza de su cobertura y comience a mostrar alguna señal de ropa o piel. Si esto ocurre, el atacante debe parar y permitir que su equipo haga las reparaciones necesarias. El juego continúa hasta que solo haya un cíclope en el área de juego. *Mark Heiss*

¡A MEZCLARSE!

Esta variación del juego de la silla funciona mejor con al menos quince jugadores; mientras más tengas, mejor es. Prepara un círculo de sillas, una para cada jugador, excepto para el líder. Todos los jugadores se sientan.

El líder debe nombrar alguna característica al azar que esté presente en el grupo: «¡Todos los jugadores con medias blancas!» Los jugadores que compartan esa característica deben pararse y buscar una nueva silla que haya desocupado otro jugador que esté haciendo lo mismo. El líder también debe buscar una silla. Cuando todas las sillas estén ocupadas, un jugador quedará parado y ese se convierte en el nuevo líder que escoge la próxima característica y así sucesivamente.

Si no le viene nada a la mente al líder, tiene la opción de decir: «¡A mezclarse!» Entonces, todos los jugadores dejan sus sillas y buscan una nueva. *Christopher Graham*

DISFRACES DE PERIÓDICO

Divide el grupo en equipos de tres personas. Entrégale a cada trío doce hojas de papel de periódico y ocho alfileres. El juego consiste en descubrir cuál equipo puede crear el disfraz más original. Tienes que considerar la nitidez en el diseño. Siempre es bueno disfrutar de la creatividad que tienen los jóvenes. Un juez (o un panel de jueces) debe determinar cuál es el equipo ganador. *Ora Barker*

JUEGOS DE IMPROVISACIÓN

Este juego es perfecto para cambiar un poco la rutina en una reunión de jóvenes o alguna noche de campamento. Divide el grupo en equipos, selecciona un presentador y prepárate a pasar una noche de risas y recuerdos. He aquí algunas ideas para comenzar el juego.

• **Emociones.** Escoge a dos jugadores de cada equipo. Pídele a la audiencia que haga una lista de diez emociones o estados mentales (euforia, pánico, ataque de risa, tristeza, etc.). Escríbelas en algún lugar. Luego pídele que te mencionen una tarea del hogar que sea poco frecuente, por ejemplo, desmontar el árbol de Navidad. Uno de los equipos comienza a representar la tarea del hogar, usando palabras y acciones, y mostrando la primera emoción en la lista. Cada treinta segundos, más o menos, el presentador cita una emoción diferente de las que están en la lista. Inmediatamente los actores cambian de emoción pero siguen dramatizando la misma tarea. Cambia los equipos y repite el proceso. Usa el viejo sistema de aplausos del público para determinar cuál es el equipo ganador.

•**Habla o muere.** Selecciona a un jugador por equipo y páralos uno al lado del otro de frente al público. El presentador comienza a narrar una historia y cuando está a mitad de una oración, se detiene y señala a uno de los jugadores. Ese jugador debe continuar la historia. Por ejemplo, el presentador dice: «Dos niñitos estaban parados frente a una tienda de dulces, cuando, para su sorpresa...»

Si el participante titubea o continúa la historia de una forma que no tiene sentido, la audiencia y el presentador gritan: «¡Muere!» El último sobreviviente es el ganador.

• **Cuentos de hadas madrinas.** Pídele al público una lista de géneros de películas: musicales, comedias románticas, dramas policiales, horror, ciencia/ficción, dramas, etc. Escríbelas en algún lugar y que cada equipo escoja uno de los géneros. Luego pídele al público el nombre de un cuento de hadas conocido o una canción de cuna.

Dale a cada equipo dos minutos para planificar cómo actuar el cuento de hadas o la canción de cuna en el género cinematográfico seleccionado.

Escoge un «distinguido panel» de jueces para evaluar y asignar la puntuación en una escala del uno al diez. Anima a la audiencia a que manifieste su aprobación o desaprobación ante la decisión de los jueces. *Kevin Turner*

CUATRO EN UN SOFÁ

Este juego es más divertido si tienes por lo menos veinte jugadores. Escribe el nombre de cada participante en un pedacito de papel y échalos todos en una caja. Luego siéntalos a todos en un círculo, con el sofá (o cuatro sillas) como parte del círculo. Dos muchachos y dos muchachas (de forma alternada) deben sentarse en el sofá. Los jóvenes sentados en círculo en el piso deben dejar un espacio vacío.

La meta es llenar los cuatro espacios en el sofá con participantes del mismo sexo, sea cuatro muchachos o cuatro muchachas.

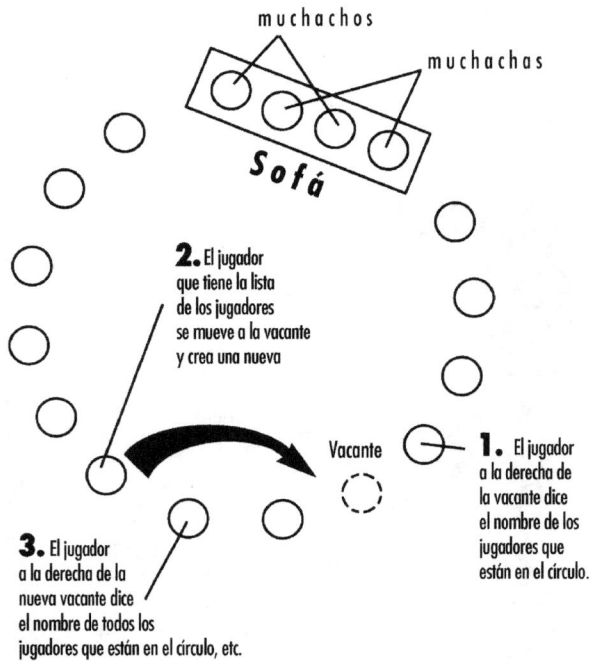

muchachos

muchachas

Sofá

2. El jugador que tiene la lista de los jugadores se mueve a la vacante y crea una nueva

Vacante

1. El jugador a la derecha de la vacante dice el nombre de los jugadores que están en el círculo.

3. El jugador a la derecha de la nueva vacante dice el nombre de todos los jugadores que están en el círculo, etc.

Una vez que todos estén acomodados, pídele a cada jugador que saque un nombre de la cajita. Luego comienza con la persona que está sentada justo a la derecha del espacio vacío: él o ella dice el nombre de cualquiera de los miembros del grupo. Quien tenga el papel con ese nombre, se mueve al espacio vacío y lo cambia con la que llamó ese nombre. El juego continúa, ahora con la persona que está sentada a la derecha del espacio vacío. (Presta atención, especialmente al nombre que se llamó antes.) Los jugadores no pueden darle claves al jugador a quien le corresponde el turno. *Christopher Graham*

JUEGOS BAJO TECHO
PARA GRUPOS PEQUEÑOS

Aquí la clave es la flexibilidad. Aunque estos juegos funcionarán mejor con grupos de treinta personas o menos, la mayoría de ellos puede adaptarse para grupos más grandes. Y mientras algunos requieren un espacio bajo techo que sea amplio, como un salón de actividades o un gimnasio, otros pueden jugarse hasta en la sala de una casa.

COMPETENCIA DE LOS VIENTOS

Dibuja un cuadrado grande en el piso parecido al del diagrama que aparece abajo. Divide el cuadrado en cuatro partes iguales, denominadas norte, este, sur y oeste. Divide el grupo en cuatro equipos con los mismos nombres. Esparce hojas secas o algodones de forma pareja en cada sección del cuadrado. A la señal, el «viento comienza a soplar» y cada equipo trata de soplar (sin usar las manos) sus hojas hacia otros de los cuadrados. Establece un tiempo límite y el equipo con menos hojas (o algodones) en su cuadro, es el ganador.

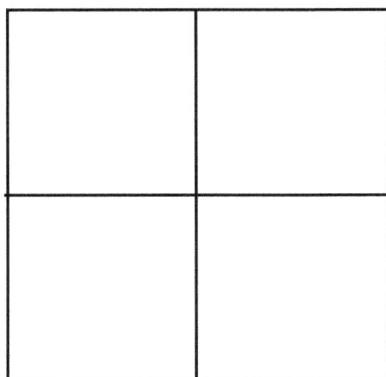

DR. ENREDO

Pídele a tu grupo (no importa la cantidad de personas) que se tome de las manos. Uno de los jugadores debe salir del salón. Forma un círculo, entonces, sin soltarse las manos, pídele a los jugadores que pasen por debajo y por encima de los brazos de los otros jugadores. Cuando el grupo esté todo enredado, llama a la persona que está afuera y pídele que trate de desenredar el nudo sin que el grupo se suelte de las manos.

Senior High Fellowship, First Congregational Church, Webster Groves, Mo.

CONOZCO ESA VOZ

Todo el grupo se sienta en sillas que están acomodadas en forma de círculo, y una persona se para en el centro. Esta persona tiene los ojos vendados y tiene un periódico enrollado. Él o ella da vueltas mientras todo el mundo se cambia de sillas. Todos los jugadores necesitan estar callados. Entonces la persona con los ojos vendados trata de encontrar la falda (el regazo) de un jugador solo usando el periódico.

Cuando encuentra un regazo, desdobla el periódico y lo coloca en el regazo del jugador. La persona con los ojos vendados se sienta en el periódico y le hace una pregunta al otro jugador. El jugador responde a la pregunta pero tratando de cambiar la voz. Tanto la pregunta como la respuesta pueden repetirse dos veces. La persona con los ojos vendados puede tratar en cualquier momento de adivinar quién es la persona que está contestando. Si la identifica correctamente en o antes de tres intentos, entonces cambia de posición con el que está sentado; de lo contrario, busca otro regazo para sentarse y trata otra vez. *Steve Tigner*

¡UN PÁJARO EN EL ÁRBOL!

Pídele a los jugadores que busquen una pareja del sexo opuesto y formen dos círculos concéntricos. Las parejas deben estar uno frente al otro (ver diagrama). Cuando suene el silbato (o la música), el círculo exterior se mueve a favor de las manecillas del reloj (hacia la derecha), mientras que el círculo interior se mueve en la dirección opuesta (hacia la izquierda). Cuando el líder grita: «¡Un pájaro en el árbol!», los jugadores del círculo exterior se arrodillan y también ponen las manos en el piso. Entonces los jugadores del círculo interior corren a buscar a sus parejas y se sientan en sus espaldas. La última pareja que se encuentre, se elimina del juego. El juego termina cuando solo quede una pareja.

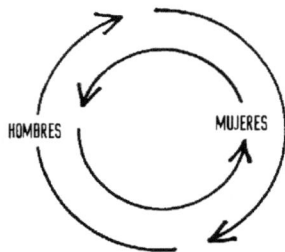

PLUMA VOLADORA

Tiende una sábana en el suelo. Pídele a los jugadores que se arrodillen alrededor de los cuatro lados de la sábana, y que luego la tomen por los bordes. Deben estirar la sábana hasta que quede tensa y luego aguantarla con sus quijadas. Coloca una pluma en la sábana y los jugadores tratarán de soplar la pluma lejos de su lado de la sábana. Cada lado de la sábana es un equipo, y si la pluma toca uno de los miembros del equipo o vuela por encima de sus cabezas, ese equipo recibe un punto. El equipo con menos puntos es el ganador.

MERCADO DE PULGAS

Este es un buen juego para fiestas. Necesitas preparar por adelantado muchos pedacitos de papel en diferentes colores de 2cm x 2cm (1"x1"). Escóndelos por to-

do el salón. Algunos cuadraditos tienen números. Luego de la señal, todo el grupo comienza a buscar los cuadrados, y tan pronto los encuentran, los muchachos comienzan a intercambiarlos entre sí, tratando de adquirir los colores que ellos creen tienen más valor. (Solo tú sabes el valor de cada color.) Los jugadores desconocen el valor de los colores y de los números hasta que termina el intercambio. Entonces, anuncias los valores y quienquiera tenga la mayor cantidad de puntos, es el ganador.

Colores: blanco (1 punto)
marrón (5 puntos)
verde (menos 5 puntos)
azul (2 puntos)
rojo (diez puntos)

Números: 7 (añade 50 puntos)
11 (duplica tu puntuación)
13 (resta 50)
15 (añade 1)

ENSALADA DE FRUTAS

Este es un juego que funciona muy bien con cualquier cantidad de jugadores y usualmente se juega bajo techo. Todo el grupo se sienta en un círculo, con una silla menos que la cantidad de jugadores que tengas. La persona adicional se para en el centro. Asigna, en secreto, el nombre de una fruta a cada participante.

El jugador en el centro del círculo comienza a decir los nombres de varias frutas y luego grita: «¡Levántate!», las personas con esas frutas deben pararse y cambiar de sillas.

Al mismo tiempo, el jugador del centro trata de sentarse en una de las sillas desocupadas. La persona que no logre sentarse es entonces la que se queda parada en el centro del círculo y repite el proceso.

Para añadir un toque de enredo en las últimas rondas, el jugador del centro puede gritar: «¡Ensalada de frutas!», entonces *todos* los jugadores deben cambiar de asiento. Asegúrate de usar sillas bien resistentes.

•**Ensalada de cumpleaños.** En esta variación, el círculo tiene la misma cantidad de sillas que los participantes que tengas. El líder —parado en el centro del círculo— dice los nombres de tres meses del año y todo los que cumplan años en esos meses tienen que pararse y buscar una nueva silla. Mientras todos están buscando una silla, la persona adicional también está tratando de sentarse en una silla desocupada. Esto va a provocar que una nueva persona quede en el centro. Si la mayoría de los jugadores tienen más o menos la misma edad, el líder puede decir un año y todos lo que hayan nacido en ese año tienen que cambiar de sillas. Si el líder grita: «¡Feliz cumpleaños!» o cualquier otra palabra previamente asignada, entonces *todos* los jugadores deben cambiar de sillas.

Randy Cooney, Scotty Shows y Art Voltz

CAZADORES Y SABUESOS

Divide al grupo en parejas. En cada pareja, uno es el cazador y el otro es el sabueso. El cazador sostiene una bolsa de papel y permanece detrás de la línea de partida (la cabaña de cacería) mientras que el sabueso busca manises (cacahuates) que has escondido por todo el salón. Cuando el sabueso encuentra un maní tiene que aullar. Solo entonces el cazador puede salir a buscar el maní y colocarlo en la bolsa. Cuando dos o tres sabuesos encuentran el mismo maní, cada uno aúlla y el primer cazador en llegar al lugar es el que tiene derecho al maní. La pareja que encuentre y recoja más manises en un tiempo determinado es la ganadora.

OLIMPIADAS BAJO TECHO

• **Lanzamiento de disco.** Esta competencia es igual al lanzamiento de discos tradicional. El participante da dos vueltas y un paso, luego tira un plato de papel lo más lejos posible.

• **Lanzamiento de martillo.** Infla bolsas grandes de papel y átalas con un hilo dejando una tira para lanzarlas. Los competidores deben girar la bolsa sobre sus cabezas varias veces antes de lanzarla lo más lejos que puedan.

• **Lanzamiento de jabalina.** Los competidores deben dar tres pasos grandes y lanzar un palillo de dientes (o escarbadientes) lo más lejos posible.

ENCUENTRA AL ÁRBITRO

Dos jugadores vendados se paran en el centro del salón. Uno es el árbitro y el otro es el bateador. Entrégale al árbitro un silbato, y un periódico enrollado al bateador. Cada cinco segundos el árbitro debe hacer sonar el silbato y el bateador debe tratar de ubicarlo para pegarle con el periódico (en un lapso de tiempo de dos minutos). En algún momento quítale la venda —en forma secreta— a uno de los dos jugadores.

Jerry Summers

DESORDEN DE ZAPATOS

Todos los jugadores se quitan los zapatos, los mezclan y forman una gran pila con ellos. Divide el grupo por la mitad. La primera mitad de jugadores corre hacia los zapatos, busca dos zapatos pares y regresa a buscar al dueño o la dueña de los zapatos. El dueño de ese par se convierte en el compañero de esa persona y debe encontrar el par de zapatos de él o ella basándose en la descripción que le dé el compañero. La primera pareja que se ponga sus zapatos es la ganadora.

EL REY DEL CÍRCULO

Dibuja en el piso un círculo grande, de aproximadamente tres metros (diez pies) de diámetro, y pide que más o menos una docena de jugadores entren en él. A la señal, cada jugador trata de sacar a otro del círculo sin él o ella salirse, y también evitando que lo empujen fuera. La última persona dentro del círculo es la ganadora.

EL ASESINO

Este es un excelente juego bajo techo para reuniones casuales. Coloca en un sombrero un pedazo de papel de acuerdo a la cantidad de jugadores que tengas. Escribe la palabra *detective* en uno de los papelitos y *asesino* en otro. Deja los otros en blanco. Todos los participantes deben sacar un papelito del sombrero. El jugador que saque el papel que dice detective debe identificarse y es su tarea tratar de identificar al asesino, que permanece en silencio. A partir de este momento puedes jugar el juego de dos maneras:

1. El detective sale del salón y apagas la luz. Los jugadores comienzan a caminar por todo el salón y el asesino se para silenciosamente detrás de alguien y le susurra al oído: «Estás muerto». La víctima cuenta hasta tres, grita y se cae al suelo. Enciendes las luces y el detective regresa al salón. Entonces el detective interroga a los jugadores por más o menos un minuto antes de intentar adivinar quién es el asesino. Si acierta, el asesino se convierte en el detective y seleccionas un nuevo asesino. Durante el interrogatorio, solo el asesino puede mentir. Todos los demás deben decir la verdad sobre lo que vieron, oyeron o sintieron.

2. El detective permanece en el salón y el asesino trata de «matar» a la mayor cantidad de víctimas posibles (en la manera descrita arriba) antes de que el detective lo atrape. El asesino recibe puntos por cada jugador que pueda matar antes de que lo descubran, y se le descuentan puntos al detective cada vez que haga un in-

tento incorrecto por adivinar quién es el asesino. Todo el mundo debe tener la oportunidad de ser el detective y el asesino. El juego resulta mejor si tienes por lo menos veinte jóvenes.

• **El «pega círculos» misterioso.** Este juego es similar al anterior. Un detective debe descubrir la identidad del misterioso «pega círculos», quien tiene la tarea de pegar etiquetas adhesivas en forma de círculo en la espalda de los otros participantes. Usa un método al azar y secreto para seleccionar al «pega círculos» y entrégale suficientes etiquetas redondas para pegarle a todos los jugadores. El detective trata de hacer tres cosas:
1. Dejarle saber a los jugadores que le pegaron un círculo (en caso de que no hayan dado cuenta).
2. Llevar un registro de todos los participantes que han sido víctimas del «pega círculos» (en caso de que las etiquetas se caigan en el transcurso de la noche).
3. Identificar al «pega círculos».
Este juego puede seguir «tras bastidores» mientras se juegan otros juegos. Si se identifica al «pega círculos», puedes seleccionar secretamente a otro detective y a otro «pega círculos», y el juego continúa. El objetivo es que el «pega círculos» le pegue círculos a la mayor cantidad posible de jugadores antes de que el detective lo identifique. *Michael W. Capps*

PÁSALO

Todo el grupo debe formar un círculo. Todos los jugadores reciben un objeto que puede tener cualquier tamaño o forma (una bola, un cesto de basura, una libreta, un zapato, una silla, etc.) al dar la señal, los jugadores pasan sus objetos a la persona que le quede a la derecha, manteniendo todo el tiempo los artículos en movimiento. Si una persona deja caer un objeto, debe salir del juego, pero el objeto sigue en el juego.

Mientras el juego sigue su curso y más personas van saliendo del juego, se va haciendo más y más difícil evitar dejar caer un objeto pues la cantidad de artículos es mayor que la de jugadores. El ganador es el último que deje caer un artículo.

CARRERA DE PIES MOJADOS

Divide el grupo en equipos de seis jugadores cada uno. Todos los jugadores deben acostarse boca arriba en círculo y juntar sus pies en el centro. Luego coloca un recipiente con agua sobre los pies de todos los jugadores. El objetivo del juego es que todos los jugadores de cada equipo se quiten los zapatos, uno a uno, sin que se pierda el agua en el recipiente. El equipo debe descubrir su estrategia para mantener el equilibrio del recipiente. El que tenga la mayor cantidad de jugadores sin zapatos en un período de tres minutos es el equipo ganador.

MÍMICAS CANTADAS

Divide el grupo en equipos de varias personas (la cantidad de cada equipo dependerá del total de jóvenes que tengas). Cada grupo envía a uno de sus jugadores al centro del salón y el líder les dice el nombre de una canción (sin que los demás participantes lo oigan). Entonces cada jugador regresa a su equipo con una hoja de papel y un lápiz e intenta hacer un dibujo que describa lo mejor posible la canción. (El artista no puede decir ni escribir ninguna palabra.) El resto del equipo trata de adivinar el nombre de la canción y cuando lo hace, comienza a cantarla inmediatamente. El ganador es el primer equipo que cante la canción correcta. Luego cada equipo envía otro jugador al centro del salón. El juego puede repetirse hasta que todos los jugadores hayan participado en el centro o hasta que el líder desee parar. Este es un excelente juego para fiestas navideñas en las que se cantan villancicos de esa alegre temporada.

¡AMARRADOS!

Coloca varios equipos en fila. Cada equipo recibe una cuchara bien fría atada a un cordón de seis metros (veinte pies). La cuchara debe estar acabada de sacar del congelador. El objetivo es ver cuántas personas puedes amarrar juntas usando la cuchara y el cordón. Cada jugador debe pasar la cuchara desde el cuello de la camisa hasta la pata del pantalón. El primer participante debe sujetar un extremo del cordón con su boca. Este juego no es por tiempo. Todo se vale: arrodillarse, acostarse, ponerse en cuclillas, etc. Cualquier cosa para que el cordón rinda para amarrar a más personas.

TOQUE DE SUERTE

El grupo se sienta en un círculo y en el centro hay un cesto de basura al revés. Una persona se para dentro del círculo con un periódico enrollado —no muy apretado— en la mano. Este jugador camina dentro del círculo y toca la rodilla de otro participante. Entonces debe colocar el periódico encima del cesto de basura y regresar a la silla de la persona que tocó antes de que esta pueda tomar el periódico y devolver el golpe. Si el periódico se cae del cesto de basura, el jugador que originalmente estaba en el círculo debe volver a colocarlo en su lugar. *Glen Richardson*

¡A CAMBIAR DE SILLAS!

Pídele al grupo que se siente formando un círculo con sus sillas bien pegadas una a la otra. Escoge a un jugador y dígale que se pare. La persona a su derecha se mueve y se sienta en su silla, el jugador a la derecha de esta persona que se acaba de mover, también se mueve y se sienta en la silla y mientras esto sigue, la persona que está parada trata de encontrar una silla para sentarse. Si la persona logra sentarse, entonces el jugador que perdió su lugar se para y el círculo sigue moviéndose.

Una vez el grupo ha comenzado a dominar el movimiento, puedes pedirle que cambien de dirección y para hacerlo todavía más divertido, puedes usar un silbato y cuando lo suenes, ellos deben cambiar de dirección. Si tienes un grupo grande, puedes tener a dos o tres jugadores tratando de encontrar una silla al mismo tiempo. *David Worth*

ESPALDA CON ESPALDA

Divide el grupo en parejas y pídeles que se sienten espalda con espalda y se unan usando sus brazos.

Luego pídeles que se pongan de pie. Con un poco de coordinación, no debe ser muy difícil. Luego combina a dos parejas. Pídeles a las cuatro personas que se sienten espalda con espalda y se unan usando sus brazos. Dale instrucciones de pararse. Es un poco más difícil con cuatro jugadores. Sigue añadiendo parejas al grupo hasta que ya no puedan pararse. *Marshall Shelley*

DOS JUGADORES Y TRES BOLAS

Divide el grupo en dos equipos. Asígnale un número a cada jugador en cada equipo y pídeles que hagan dos filas con aproximadamente seis metros (veinte pies) de distancia entre ellos. Coloca seis bolas de playas (material liviano) en el piso, entre ambos equipos. Luego, el líder dice dos números y los cuatro jugadores —dos por cada equipo— con esos números comienzan a jugar. Cada pareja debe levantar tres bolas sin usar sus manos o brazos. Si dejan caer la bola, deben empezar otra vez. Cada pareja de jugadores debe aguantar las tres bolas con sus cuerpos y no dejarlas caer al piso. La primera pareja en lograrlo es la ganadora.

Repite el proceso llamando dos números nuevos y así sucesivamente. *Dave William*

MALVAVISCO SANGRIENTO

Empareja a los muchachos. Cada pareja debe pararse aproximadamente a tres metros (diez pies) de distancia mirándose de frente. Cada uno recibe cinco malvaviscos (*marshmallows*) y una vaso lleno de catsup (*ketchup*). Uno a la vez, cada persona sumerge un malvavisco en el captsup y trata de tirarlo en la boca de su compañero. El compañero trata de atraparlo con su boca. Gana la pareja que logre atrapar la mayor cantidad de malvaviscos. *Steven Kjorvestad*

¡MALVAVISCOS VOLADORES!

Empareja a los muchachos y entrégale a cada pareja un paquete de malvaviscos en miniatura. Cada pareja debe tener un «contable» neutral. Un jugador es el lanzador y el otro es el receptor (*catcher*). Cuando digas: «¡Fuera!», el lanzador tira un malvavisco a la boca del receptor, y este debe comérselo. El lanzador y el receptor deben estar como a tres metros (diez pies) de distancia uno del otro. El contable cuenta las atrapadas exitosas y la pareja con la mayor cantidad al final de un tiempo límite, o la primera con un total de veinte atrapadas exitosas, es la ganadora. *Don French*

MALVAVISCO PUERCOESPÍN

Este juego se va poniendo más difícil y divertido según se va desarrollando. Divide tu grupo en dos o más equipos. Dale a cada jugador un palillo de dientes (los redondos funcionan mejor) y un malvavisco. El primer jugador coloca el malvavisco en su palillo de dientes y luego lo sostiene con sus dientes. Los otros jugadores sostienen sus palillos con sus dientes. Ahora estás listo para comenzar el juego. Pasa el malvavisco de jugador a jugador colocando tu palillo en el malvavisco y dejándolo allí. No se permite usar las manos. Mientras el malvavisco va pasando, se va acumulando un palillo por cada jugador.

Es muy entretenido ver a los jugadores tratando de evitar hincarse con los palillos que ya están en el malvavisco. El primer equipo en terminar es el ganador. Y el producto final es un malvavisco que parece un puercoespín.

Glenn Davis

CURIOSIDADES ECLESIÁSTICAS

Divide el grupo en equipos (o los chicos y chicas pueden competir de forma individual) y entrégales una lista de preguntas sobre cosas poco usuales en la iglesia para que las identifiquen. He aquí algunos ejemplos:
• El nombre de la compañía que fabricó el extinguidor de incendios de la iglesia.
• La cantidad de escalones en el bautisterio.
• La cantidad de fusibles que hay en la caja.
• Lugar donde se encuentra el estuche de primeros auxilios.
• La última palabra de un libro específico en la biblioteca de la iglesia.
• La cantidad de líneas amarillas pintadas en el estacionamiento.
Tu lista debe incluir más o menos veinte preguntas como estas. A la señal, todo el mundo trata de encontrar la información que necesita en el menos tiempo posible. Si juegas en equipos, las preguntas pueden asignarse a diferentes jugadores. El primer equipo en terminar, o el primero con más respuestas correctas, es el ganador. *Don Snider*

PALILLOS CHINOS

Entrégale palillos chinos a cada equipo y que luego corran para ver cuál puede comer más rápido usando solo estos palillos. La comida puede ser cualquier cosa desde gelatina hasta maíz. *Shirley Peterson*

LA CENICIENTA

Acomoda las sillas en forma de círculo. Todas las Cenicientas (las chicas) en el grupo escogen una silla. Todos los Príncipes (los chicos) seleccionan una Cenicienta y se arrodillan frente a ella. Él le quita los zapatos y los sostiene en sus manos. El líder pide los zapatos y los tira en el medio del círculo. Luego las Cenicientas les vendan los ojos a sus Príncipes. Después de que cada Príncipe tenga los ojos vendados, el líder reacomoda y mezcla los zapatos en el centro del círculo. A la señal, todos los Príncipes gatean hacia los zapatos y tratan de encontrar el par de su Cenicienta. Las Cenicientas solo pueden ayudar verbalmente, gritando pistas a sus Príncipes. Luego de encontrar los zapatos, los Príncipes deben gatear de regreso a sus chicas (una vez más, guiados solo por instrucciones verbales). Entonces deben ponerle los zapatos (¡en el pie correcto!) y quitarse las vendas de los ojos. El juego sigue hasta que todas las Cenicientas tengan puestos sus zapatos. *Carol Wennerholm*

PIES HELADOS

Divide a tu grupo en dos equipos. Pídele a cada equipo que se siente en sillas y acomódalos de modo que queden dándose la espalda y con un espacio de un metro y medio (cinco pies) entre las sillas. El capitán de cada equipo se sienta en otra silla al final de la fila de sillas de su equipo.

A la señal, coloca un cubito de hielo debajo de uno de los pies de cada capitán. El capitán desliza el hielo al jugador #1 en su equipo. El jugador #1 lo pasa de un pie al otro y luego al siguiente jugador en su equipo. Esto sigue hasta que ya se haya pasado el cubito de hielo a todo el equipo y se regrese al capitán. Luego entonces se le permite al capitán que se pare de su silla y se las ingenie para llevar el cubito de hielo solo con sus pies hacia el lado opuesto del salón y ponerlo en un vaso (¡sin usar las manos!).

Si se le cae el hielo al capitán, este puede continuar desde el punto dónde se cayó, pero si el hielo se derrite o se desliza fuera de alcance mientras el equipo lo está pasando, entonces tienen que empezar otra vez.

Barry Kolanowski

PROHIBIDO EL PASO

Ata una cuerda recubierta de plástico, de aproximadamente seis metros (veinte pies) de largo, a las patas de dos sillas, de modo que la cuerda quede como a veinte centímetros (ocho pulgadas) del suelo (como se muestra en el diagrama). La cuerda debe estar en el centro del salón. Además, asegúrate de marcar tu cuerda con un pedacito de cinta adhesiva cerca de medio metro (un pie) de cada silla. Esto es para seguridad de quienquiera sea «el hielo».

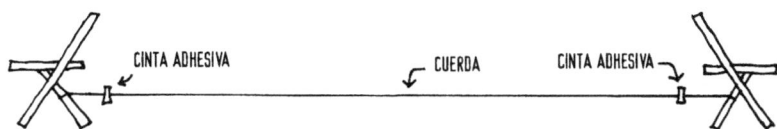

Escoge a un jugador para que sea «lel hielo» y divide el resto de los jugadores en dos equipos. Cada equipo se acomoda en un extremo del salón, de frente al otro grupo. Venda a «el hielo» y también entrégale un par de protectores de rodillas si el piso es duro o áspero. Entonces, «el hielo» asume su posición; esto es, debe ponerse de rodillas pero mantener una mano en la cuerda. Tiene total libertad para moverse arrodillado siempre y cuando esté tocando la cuerda. A la señal, cada equipo salta en un pie por encima de la cuerda para pasar al otro lado. Los jugadores deben cruzar la cuerda sin caerse ni que «el hielo» los toque. Antes de brincar sobre la cuerda, cada persona debe anunciar su salto con cinco palmadas. Cualquier «intruso» (jugadores brincando) atrapado, se convierte en un obstáculo para la siguiente ronda. Debe acostarse boca abajo en forma paralela a la cuerda. La primera persona atrapada se convierte en el próximo «Hielo». *Tom Bougher*

¡ATRAPA LA UVA!

Cada equipo elige a un «lanzador». El lanzador recibe una bolsa de uvas. El resto del equipo forma una rueda o círculo a su alrededor. El lanzador está en el centro y debe lanzar uvas a todos los miembros de su equipo, una a la vez, y cada compañero de equipo debe atraparla con su boca. El primer equipo que logre que todos sus miembros atrapen una uva es el ganador. *Richard Reynolds*

ENSALADA DE NÚMEROS

Divide el grupo en equipos. Entrégale un número a cada jugador (del cero al diez, o según la cantidad de jugadores que tengas) escrito en una hoja de papel y pídeles que lo coloquen en su camisa. El líder se para a la misma distancia de cada equipo y grita un «problema matemático». Por ejemplo: «Dos por ocho menos 4 dividido entre tres», y el equipo debe enviar a la persona con la respuesta correcta (en este caso, el jugador con el número cuatro) hasta donde está el líder. No se permiten las consultas en el grupo. El jugador con la respuesta correcta debe simplemente pararse y correr. La primera respuesta correcta en llegar al líder gana cien puntos. El primer equipo en alcanzar los mil puntos (o la puntuación que determines) es el ganador. *J.C. Heneisen*

ENCESTA EL PAPEL

Divide el grupo en equipos de cuatro a ocho jugadores cada uno. Coloca un cesto de basura en el centro del salón (debe medir cerca de un metro de alto [tres pies]). Debes tener listos varios bates hechos de papel de periódico y muchas pelotitas de papel. Usa cinta adhesiva para marcar un diámetro de tres metros (diez pies) hacia fuera del cesto de basura. Un equipo se acuesta boca arriba alrededor del cesto de basura con los pies hacia fuera (ver el diagrama).

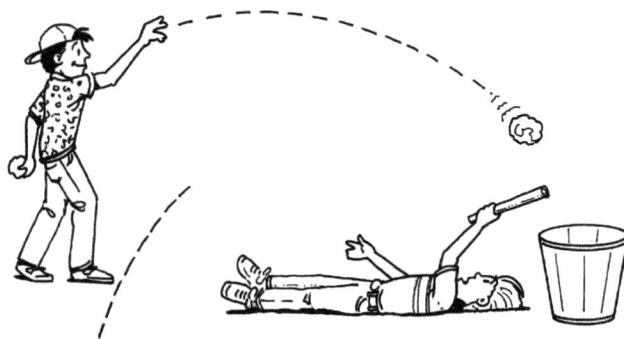

Cada uno de estos jugadores tiene un bate de papel en la mano. El equipo contrario se para alrededor del cesto de basura, detrás de la línea, y trata de encestar en el cesto de basura las pelotitas de papel, mientras que el equipo en posición defensiva trata de batearlas con sus bates de papel. El equipo contrario tiene dos minutos para tratar de encestar la mayor cantidad de pelotitas posibles. Luego de que cada equipo haya tenido la oportunidad de jugar en ambas posiciones, el que haya logrado encestar la mayor cantidad de bolitas es el ganador. Para hacer que el juego sea un poco más difícil para los lanzadores, pídales que se sienten en sillas antes de tirar las bolitas de papel.

Jeff Dietrich

NÚMEROS ESCONDIDOS

Tan pronto lleguen tus chicos y chicas, diles que escondiste alrededor del salón (o área de juego) veinte hojas de papel con un número escrito. Los números deben ir del uno al veinte. Pega los papeles en lugares fáciles de encontrar a simple vista, como por ejemplo, en el respaldar de un banco de la iglesia o en la de una butaca de un salón, siempre que no sea en la última fila. Divide a los jugadores en equipos de 2 o 3 personas (o déjalos que busquen todos juntos como equipo). Diles que tienen 10 minutos (o el tiempo necesario dependiendo de la cantidad de números, los jugadores y el tamaño del área de juego) para encontrar las hojas de papel con los números. Puedes pegar los números en el techo, debajo de sillas, dentro de armarios, en una gaveta... mientras más difícil el lugar, mucho mejor. El ganador es el equipo con la mayor cantidad de puntos (el #1 vale un punto, el #10 vale diez, etc.), así que no sabrán quién es el ganador hasta que regresen todos los participantes. *Ed Baker*

SERPIENTE CASCABEL

Para este juego de cautela y destreza, necesitarás dos vendas, un envase plástico pequeño (donde vienen las pastillas recetadas o el rollo fotográfico) son buenas alternativas con una piedra adentro y un área de juego definida. Se sugiere que juegues en un piso con alfombra o sobre algún material acojinado. El árbitro le venda los ojos a dos jugadores. Nombra a uno de ellos la «serpiente cascabel» y al otro el «cazador». Dale vueltas al cazador varias veces, de manera que pierda el sentido de dirección. Ya estamos listos para empezar a jugar. Es indispensable que todo el mundo esté en completo silencio (los jóvenes que no estén jugando deben sentarse en los extremos del área de juego). El árbitro dice: «Serpiente cascabel». Entonces la serpiente agita su cascabel y trata de evitar que la atrape el cazador. El juego continúa y periódicamente el árbitro vuelve a gritar «serpiente cascabel» hasta que el cazador atrapa a la serpiente. *Ron Wells*

¡MUÉVETE Y SIÉNTATE!

Acomoda las sillas en forma de círculo de modo que todos los jugadores tengan una. Coloca dos sillas adicionales en el círculo. Cada jugador se sienta en una silla, con excepción de dos personas en el centro que tratan de sentarse en las dos sillas desocupadas. Las personas que están sentadas tienen que mantener el movimiento de silla en silla para evitar que los dos jugadores en el medio puedan sentarse. Si una o ambas personas en el medio del círculo logran sentarse, el jugador que quede a la derecha la reemplaza en el centro del círculo y entonces trata de sentarse en una silla desocupada.

• **¡Muévete y siéntate con toalla!** En esta variación, mientras los jugadores se mueven de silla en silla, también deben pasar o tirar una toalla enrollada a cualquiera de las personas en el círculo. Si alguno de los jugadores en el centro intercepta la toalla, entonces debe cambiar de lugar con la persona que la tiró. También hay cambio de posición si el jugador en el centro del círculo toca a la persona que tiene la toalla en la mano.
Para grupos más grandes, añade más personas en el medio, más toallas y más sillas desocupadas. *Scott Eynon y Mary McKemy*

JUGADOR SOBRE JUGADOR

Pídele a todo el grupo que se siente en sillas formando un círculo. Prepara una lista de características que sirvan para identificar a los jugadores. He aquí algunos ejemplo que puedes incluir en tu lista: «Párate de tu silla...»
• Se te olvidó ponerte desodorante hoy.
• Si te han dado una multa de tráfico en este año.
• Si tienes un agujero en tu calcetín (media).
• Si le tienes miedo a la oscuridad.
• Si sacaste un 10 o 100 de calificación en matemáticas (o si quieres que alguien responda, cambia la materia).
Luego, léelas una a la vez y añade: «Muévete tres sillas a la derecha» o «muévete una silla a la izquierda», etc. Todos los que cualifican; esto es, todos los que olvidaron ponerse desodorante o recibieron una multa de tráfico, se mueven según tus instrucciones y se sientan en esa silla, sin que importe si la silla está o no ocupada por una o más personas. Puedes estar seguro que mientras el juego se va desarrollando, los chicos y las chicas van a comenzar a amontonarse unos encima de otros en las sillas. *Mary McKemy*

SOGAS, PALITOS Y... ¡ENCESTA!

Este es un juego de destreza que puedes jugar hasta con dos personas solamente. Necesitas los artículos siguientes: dos sogas livianas (cordón o cordel) como de tres metros (diez pies) de largo, varios palitos redondos de cerca de treinta centímetros (doce pulgadas) de largo, una caja lo suficientemente grande para que quepan los palitos, una silla y un atril o algo similar.

Amarra las dos sogas al atril, dejando un espacio de cinco centímetros (dos pulgadas) entre ellas. Estira las sogas hasta llegar a la silla, a tres metros (diez pies) de distancia. Una persona se para sobre la silla y sostiene las sogas. Coloca la caja debajo de las sogas a dos terceras partes de la distancia entre la silla y el atril. Un segundo jugador coloca los palitos (uno a la vez) en las manos del jugador que está aguantando las sogas, y este trata de hacer rodar el palito por las sogas y que luego caiga en la caja. Si no lo logra debe tratar otra vez. Puedes llevarle el tiempo a los jugadores (el mejor tiempo en lograr encestarlos todos) o puedes tener a dos jugadores haciendo esto a la misma vez para que sea más divertido. Para crear carreras de relevo entre equipos, cada persona recibe un palito y todos deben encestarlo en la caja.

Cuando termines de usar los palitos, dónalos al departamento de niños para que los usen como instrumentos musicales o para preparar manualidades. *Dave Gilliam*

¡DE PELÍCULA!

Divide el grupo en dos equipos (o en la cantidad necesaria para que puedas conseguir el siguiente equipo) y dale a cada uno acceso a una televisión, una videograbadora (o DVD), una película de dibujos animados grabada en video, un lugar donde puedan grabar y un casete en blanco.

Ahora deja que cada equipo grabe (en el lugar provisto para hacerlo) su pista para la película de dibujos animados. Pueden usar cualquier efecto de sonido, música o diálogo. Déjalos trabajar en esto por veinte minutos y luego pídele a los equipos que muestren sus videos con sonido. Los resultados son muy divertidos.

Chuck Prestwood

CARRERA DE TORTUGAS

Corta varias figuras de tortugas de una plancha fina de madera similar al diagrama que aparece abajo. Asegúrate de que todas las tortugas sean iguales. Hazle un hueco en el cuello. Pasa un cordón fuerte a través del cuello y amarra un extremo del cordón a un objeto fijo.

Cuando halas el cordón hacia arriba, la tortuga también se levanta y se desliza hacia al frente. Las patas siempre deben tocar el piso. Mientras más alto levantes la tortuga, más rápido se deslizará. ¡Pero ten cuidado! Eres responsable de voltearla y ganar terreno mientras tus oponentes están en una intensa lucha por llegar a la meta. Para relevos, coloca a un jugador en cada extremo del cordón (uno aguantando y otro halando). Cuando la tortuga llegue a la meta que establezcas, voltéala y otro compañero de equipo la lleva en el tramo de regreso. Este juego es muy bueno para grupos de cualquier edad. *Tracy Guthrie*

TIRO AL BLANCO

Coloca una mesa contra la pared. Pon muchos «blancos» sobre la mesa hechos de papeles doblados por la mitad. Estos blancos deben ser de distintos tamaños, desde cinco centímetros (dos pulgadas) hasta quince centímetros (seis pulgadas). Escribe el valor en puntos en cada uno de ellos (10, 25, 50, 100), dependiendo el tamaño del blanco. Cada equipo recibe un «arsenal» de liguillas y trata de tumbar la mayor cantidad de blancos en un minuto. Todos los jugadores deben pararse detrás de una línea a 4.5 metros (15 pies) de la mesa. Se acumulan puntos cada vez que un jugador tumba un blanco. Gana el equipo con más puntos.

J.C. Heneisen

CARRERA CON PAPEL HIGIÉNICO

Los participantes del juego compiten para ver quién puede desenrollar un rollo de papel higiénico empujándolo por el piso usando sus narices. La primera persona en desenrollar todo el rollo o cruzar la meta, es la ganadora. Para añadirle emoción, pídele a otro jugador que lo haga en reversa; esto es, que lo enrolle lo más rápido posible. *Andy Hansen*

PURA CONFIANZA

Este es el tradicional juego de alcanzar a otro jugador y tocarlo, excepto que se juega en pareja. Uno de los jugadores está vendado, mientras que el otro debe guiarlo manteniendo sus manos en la cintura del jugador vendado y gritando direcciones. El objetivo es que el jugador vendado toque a otro jugador vendado. Para hacerlo aún más difícil, el jugador que no tiene vendas en los ojos debe dar direcciones a su compañero sin decir una palabra, solo empujándolo y halándolo de un lado para otro. *Dick Babington*

¡TE ALCANZA EL TRIÁNGULO!

Pídale a los jugadores que formen grupos de cuatro personas. Tres de ellos deben formar un triángulo tomándose de las manos o las muñecas. El cuarto jugador se para en el medio del triángulo.

Escoge a uno de los equipos para que sea el responsable de tocar primero a los otros. Cuando un jugador del medio de un triángulo toca a otro en la misma posición se considera una jugada exitosa. El truco, claro está, es que el triángulo pueda seguir el paso del jugador del medio, que pueda anticipar su dirección y estrategia, o por lo menos pueda oír las instrucciones verbales del jugador del centro. Los otros grupos, por supuesto, tratan de evitar que los toquen mientras se mantienen dentro de los límites.

Cada cierta cantidad de rondas, debes rotar a los miembros de cada grupo de modo que todos ocupen, en algún momento, la posición de jugador dentro del triángulo. Este juego, además de divertido, es una forma muy eficaz de hablar sobre la sumisión, la humildad y la cooperación. *Alan Rathbun*

SERPIENTES Y RELÁMPAGOS

Debe jugarse en un salón totalmente oscuro y usar reflejos intermitentes de luz.

Elimina todos los obstáculos que puedan haber en un salón grande y cubre todas las posibles fuentes de luz con cartón, alfombras, cinta adhesiva negra, o cualquier cosa que necesites para oscurecer el salón completamente. Haz que esté del todo oscuro. Ten a la ma-

no una cámara con flash y baterías nuevas (no es necesario tener película para fotos).

Coloca a un estudiante —el buscador— en un salón completamente alumbrado mientras que los jugadores restantes se esparcen en el cuarto oscuro. Trae al buscador al cuarto oscuro con el propósito de que alcance y toque a cualquier jugador que pueda alcanzar. Una vez son alcanzados, los jugadores le toman la mano al buscador para ir formando una «serpiente» que se va haciendo cada vez más larga.

Cada treinta segundos más o menos, active el flash de la cámara para ayudar al buscador. La última persona en ser alcanzada y tocada es la ganadora. *Matt Klein*

FUERA DE BALANCE

Ni el peso ni la estatura ni el sexo son factores importantes para ganar este juego. Simplemente pídale a dos jugadores que se paren uno frente al otro, levanten las manos más arriba del nivel de sus hombros y luego las junten. Una distancia de 45 a 90 centímetros (18 a 36 pulgadas) puede separar a los jugadores, pero al juntar sus manos, deben ser capaces de empujar las manos y los brazos del otro jugador hacia atrás sin mayor dificultad (siempre por encima de los hombros). A la señal, los jugadores intentan golpear o empujar las manos del otro participante para provocar que pierda el balance. La primera persona que lo pierda o mueva sus pies de posición le cede su lugar al siguiente retador, quien se enfrenta al ganador de esa ronda. *Ron Erber*

BOTELLAS Y BOLAS

Este es un juego de grupo que puede jugarse bajo techo o en exteriores. El número ideal de jugadores es cinco a cada lado, pero puede adaptarse para una mayor cantidad. Marca el área de juego de una forma distinguible, parecido a un campo de fútbol, aproximadamente nueve por 18 metros (60 x 30 pies), con una línea central. Coloca botellas plásticas grandes en ambos lados del área de juego, con una separación aproximada de 45 cm (18 pulgadas). Luego coloca a los equipos en el

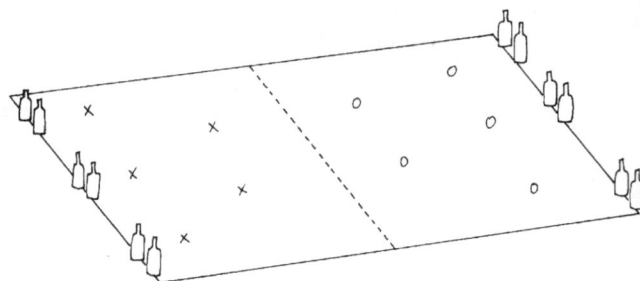

campo: tres jugadores defensas en la parte de atrás para proteger las botellas y dos lanzadores a cada lado de su línea central:

Los lanzadores intentan lanzar una bola de goma de tamaño mediano hacia el lado opuesto para derribar las botellas del equipo contrario. Se considera una falta cuando un jugador pasa por encima de la línea central. La puntuación será de la siguiente manera: cinco puntos por cada botella derribada, diez puntos por cada tiro que pase entre las botellas y un punto por cada tiro que ruede por encima de la línea trasera del equipo contrario.

También puedes dividir el grupo en equipos de cuatro, seis y ocho jugadores y organizar un torneo. *J. Rusel Matzke*

INTERCAMBIO PARA ARMAR EL ROMPECABEZAS

Consigue la mayor cantidad de afiches (*posters*) que puedas y córtalos en varias piezas de rompecabezas. Mezcla todas las piezas y colócalas en una bolsa. La competencia comienza entregándole una pieza a cada persona. A la señal, cada equipo trata de ser el primero en armar un afiche.

Cuando cada equipo se dé cuenta que hay piezas que no corresponden a su afiche, necesitarán intercambiarlas para poder completar su rompecabezas. Los equipos pueden intercambiarlas una a una. Si tienes piezas que te sobraron, pásalas entre los equipos al azar una vez haya comenzado el juego. *Harvey Wilkie*

¡SE CAEN LAS PIRÁMIDES!

Divide a tu grupo en equipos de seis jugadores. A la señal, cada jugador debe formar una pirámide humana y completar una misión. El primer equipo en realizar la tarea recibe los puntos. Luego de cada misión los equipos deben deshacer la pirámide y esperar la señal para comenzar la siguiente misión. A continuación damos una lista de tareas. Si escribes otras, asegúrate de ajustar la puntuación de acuerdo a la cantidad de jugadores involucrados en la acción.

• Formen una pirámide y canten el Himno Nacional al unísono. (60 puntos)
• El jugador del medio en la línea base de la pirámide debe quitarse los zapatos. (20 puntos)
• Los dos jugadores en el segundo nivel deben dar un giro completo. (40 puntos)
• El jugador de la izquierda en la segunda línea debe voltearse. (20 puntos)

• La persona del medio en la base de la pirámide debe voltearse. (20 puntos)
• El equipo completo debe rotar (solo los tres jugadores de la base deben moverse). (60 puntos)
Andy Strachan

ATRAPA LOS DADOS

Para este juego necesitarás comprar en una tienda de juegos algunos dados mucho más grandes que los regulares. O puedes hacerlos cortando bloques pequeños de madera y pintando los puntos de forma similar a un juego de dados.

Dibuja con tiza un círculo de un metro (dos pies) de diámetro en el piso o en una alfombra.

Una persona comienza el juego tirando los dados hacia el centro y simultáneamente diciendo un número entre dos y doce. Si el número es el total que marcan los dados, todos pueden atraparlos. Cada dado vale un punto si lo atrapan, y el enredo puede continuar fuera del círculo.

El juego se vuelve más emocionante mientras vas reduciendo el tiempo entre los tiros. El lanzador sigue tirando hasta que sale el número que él o ella dice, luego le pasa los dados al jugador que tiene al lado. Usualmente el juego lo gana el jugador que acumule once puntos. *Bud Moon*

ALTO VOLTAJE

Para este juego necesitas dos postes y una soga o cuerda. Amarra la soga a los dos postes como a 60 cm (2 pies) del piso para empezar.

Divide el grupo en equipos. El objetivo del juego es que todo el equipo pase por encima de la cerca de alto voltaje (la soga) sin electrocutarse (sin tocar la soga). Los jugadores pasan uno a la vez.

Luego de cada intento exitoso, la soga se va subiendo poco a poco, como se hace en las competencias de salto regulares. Según avanza el tiempo, los equipos se van eliminando pues la soga está demasiado alta para que puedan brincarla.

Lo que hace interesante a este juego es que aunque los jugadores pasan sobre la soga uno a la vez, los otros miembros del equipo pueden ayudar de la forma que quieran. Sin embargo, una vez que la persona la brinca, debe permanecer de ese lado de la soga y no puede regresar a ayudar a nadie. Así que, la última persona debe cruzar de alguna manera sin recibir ayuda de nadie. El juego exige mucho trabajo de equipo.

Puedes eliminar al equipo completo si alguien toca la soga o a los jugadores de forma individual según se vaya subiendo la soga. Asegúrate de dividir los equipos de manera equitativa de acuerdo a la estatura, edad y sexo. *Jim Bowes*

CEROS Y CRUCES HUMANAS

Como bien lo sugiere el título, este juego se juega igual que la versión en papel, excepto que se usan personas. Es un juego con mucha acción y es excelente para grupos pequeños. Para jugar, coloca nueve sillas en tres filas de tres cada una. El Equipo Uno se para en un lado de las sillas y el Equipo Dos en el otro. Asigna números a los jugadores en cada equipo: uno, dos, tres, etc.

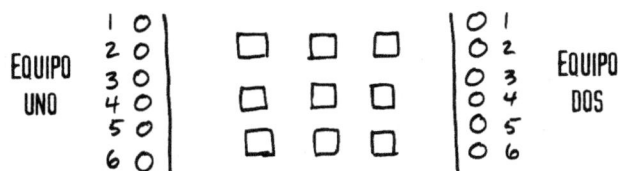

Cuando el líder dice un número (cuatro, por ejemplo), los dos cuatros en cada equipo se mueven y se sientan en cualquier silla lo más rápido que puedan. Una vez están sentados, el líder dice otro número y ocurre lo mismo, hasta que tres jugadores del mismo equipo logran acomodarse en línea, ya sea hacia arriba, hacia abajo o diagonal. Si esto no ocurre, entonces los jugadores regresan a sus equipos y el juego comienza otra vez.

Una variación a esto puede ser jugar con diez jugadores por juego (cinco por equipo). Todos se sientan en una de las nueve sillas, dejando a una persona parada. Cuando suenes el silbato, todo el mundo se para y se mueve a otra silla, mientras que la persona adicional también trata de alcanzar una silla. Luego de todo el movimiento, si hay tres personas en línea del mismo equipo, ganan un punto. En cada ronda siempre va a haber una persona que se queda sin silla.

Otra manera más loca de jugar este juego sería hacerlo de la forma descrita arriba, pero usa a los muchachos en sus rodillas y manos como las sillas, y las muchachas

de cada equipo se sientan en sus espaldas. Cuando suenas el silbato, ellas tratan de sentarse en las espaldas de los chicos y tratan de mantenerse allí, aun cuando otra chica está intentando tomar su lugar. ¡Es realmente divertido! Sea que uses sillas, muchachos, líneas en el piso (como el juego original) o cualquier otra variación, este es un juego muy entretenido. *Glenn Davis*

¡QUÍTATE LAS MEDIAS!

Este es un juego de supervivencia para el que esté más en forma. Es una buena idea si los chicos y las chicas juegan en diferentes rondas.

Dibuja un círculo grande en el piso. Todos los jugadores entran al círculo sin zapatos, solo en medias. El propósito es quitarle las medias a los otros jugadores y mantener las tuyas puestas. Una vez te quitan las medias, estás eliminado del juego. Si cualquier parte de tu cuerpo sale del círculo, también te eliminas. La última persona que permanezca en el círculo con las medias puestas es la ganadora. *Glenn Davis*

AL REVÉS

Este juego requiere un gran trabajo de equipo. Puede jugarse en forma de competencia (un equipo contra otro) o como un juego cooperativo (todo el mundo en el mismo equipo).

Dibuja dos líneas paralelas en el piso, con aproximadamente 45 cm (18 pulgadas) de separación entre ellas. El equipo hace una fila dentro de las líneas. Asígnale un número a cada jugador; uno, dos, tres, cuatro, etc. hasta que llegues al final.

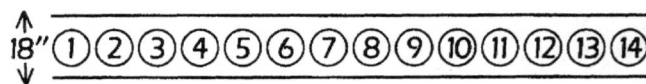

A la señal, los jugadores deben invertir el orden sin salirse de las dos líneas paralelas. Si hay veinte jugadores en el equipo, entonces el jugador número uno debe cambiar de posición con el jugador número veinte, y así sucesivamente. Solo la persona que ocupe la posición del medio se mantiene en el mismo lugar.

Permite que los equipos practiquen una vez e inventen una estrategia para hacer esto rápida y acertadamente. Luego compite contra el reloj (trata de establecer un récord mundial), o busca el equipo que puede hacerlo más rápido. Es muy divertido de observar. Los árbitros pueden penalizar a un equipo (añadiendo segundos a su tiempo), cada vez que un jugador se sale fuera de cualquiera de las dos líneas. *James Bowes*

«Gran Prix» en miniatura

Si alguien en tu grupo tiene uno o dos carritos de control remoto, pídelos prestados para este juego. Marca una pista de carreras alrededor del salón (¡sé lo más creativo que puedas!) y deja que los muchachos y muchachas tomen turnos para maniobrar el carro por la pista en el menor tiempo posible. Ten un cronómetro a la mano y añade segundos por tumbar objetos, salirse de la pista, etc. Algunos jugadores van a tomar muy en serio este juego. *Jim Walton*

Terrible dos

Este es un juego de mucha competencia que puede organizarse en solo unos minutos usando artículos comunes del hogar. Reúne cerca de treinta o cuarenta pares de diferentes artículos caseros (como dos zapatos, dos martillos, dos libros, dos discos compactos, dos barras de jabón, dos cepillos de diente, etc.). Añade otros artículos que no tengan pareja. Echa todo esto en una caja y mézclalo bien. Luego divide a tu grupo en dos equipos. Cada equipo debe estar a la misma distancia de la caja. Si estás jugando bajo techo, es una buena idea ubicar la caja en otro salón.

Cuando digas: «¡Fuera!», cada equipo envía a un jugador a la caja. Ese jugador regresa con un artículo de la caja. Los demás jugadores van haciendo lo mismo pero deben tener cuidado de no traer la pareja de ningún artículo. Los jugadores pueden participar cuantas veces puedan en un tiempo límite, trayendo la mayor cantidad posible de artículos.

Si accidentalmente alguien regresa con la pareja de algunos de los artículos, el siguiente corredor tiene que regresarlo a la caja y no puede traer un nuevo artículo en ese turno. Si no se dan cuenta de inmediato que tienen una pareja de artículos y los dejan allí, esto le costará puntos al equipo en su puntuación al final del juego. Cuando suenes el silbato (justo antes de que se terminen los artículos en la caja), finaliza la carrera y es el momento de asignar los puntos a cada equipo de la siguiente manera:

- Cada artículo vale 10 puntos.
- Cada artículo sin pareja vale 50 puntos.
- Cada pareja de artículos que tenga el mismo equipo le costará 50 puntos por artículo (menos 100 puntos en total).

Para los jugadores con más experiencia, coloca una caja grande para que vayan echando los artículos (de modo que no puedan verlos). Esto significa que los jugadores deben memorizar los artículos antes de echar-lo en la caja y aumenta la probabilidad de terminar el juego con más artículos duplicados. Otra manera de añadir dificultad al juego es crear pares de artículos que no sean idénticos pero que estén relacionados; por ejemplo: cepillo y pasta de dientes, un martillo y un clavo, una taza y el platito, etc. *Rob Moritz*

Bádminton de papel

Esta variación de bádminton puede jugarse bajo techo. La raqueta se hace con un papel blanco común y corriente (del tamaño que usas en una impresora). Los boletines viejos de la iglesia son perfectos. Dobla el papel por la mitad y grápalo en dos lados.

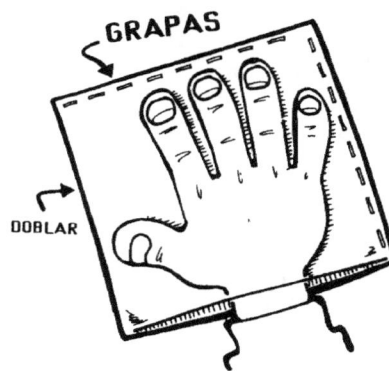

Naturalmente, cuanto más grueso sea el papel, más fuerte será la «raqueta». La mano del jugador va dentro del papel, formando algo así como un guante.

La malla es una de verdad y la bola es la que normalmente se usa en el bádminton (o puedes usar bolitas de papel). Juega según las reglas que quieras: bádminton, voleibol o todos contra todos. *Keith Curran*

Ponle el zapato al burro

Este es un juego que puedes jugar bajo techo o en exteriores. Lo único que necesitas son dos sillas, ocho zapatos y dos vendas para ojos. Coloca dos sillas en el medio del área de juego. Estas serán los «burros». Luego, véndale los ojos a dos jugadores y siéntalos sobre los burros. Por lo menos cuatro muchachos o muchachas deben donar sus zapatos y esparcirlos alrededor de las sillas. El objetivo del juego es que los dos jugadores encuentren y le pongan un zapato en cada pata del burro. El primero que lo logre, es el ganador.

Para añadir un poco de emoción al juego, puedes darle permiso a los jugadores para que le «roben» los zapatos a los burros de sus contrincantes. ¡Este juego te garantizará muchas carcajadas! *Cheri Brent*

INODORO DEPORTIVO

Este juego no necesita mucha preparación. Construye uno o dos asientos de inodoro (el canasto) con tapa de cartón (si consigues uno de verdad, mucho mejor). Levanta la tapa del inodoro, para que sirva de tablero, y reparte entre los participantes rollos de papel higiénico (bola de baloncesto) con un pedacito de cinta adhesiva pegada al comienzo del rollo para evitar que se desenrollen.

Establece unas reglas sencillas. El objetivo es encestar la «bola» en el «canasto». Otra alternativa es que sea un juego de tiradas libres en forma de torneo de campeonato. *E. Parke Brown*

DUELO DE BANANAS

Coloca a los jugadores en parejas, pídeles que se tomen de la mano izquierda y luego átaselas de modo que no puedan soltarse. Dale a cada jugador una banana y estas instrucciones: tienen que pelar la banana de la manera que puedan (usualmente con los dientes y la mano derecha) y luego metérsela en la boca a su pareja.

Si tu área de juego aguanta mucho desorden, complica más el juego vendando los ojos de los jugadores. *Garr Williams, Jr.*

¡TE ATRAPARON!

Este es un excelente juego que merece todo el esfuerzo que se requiere para organizarlo. Se juega como un juego de mesa en el que los jugadores se mueven de un espacio a otro, compitiendo por llegar primero a un destino final.

Puedes marcar el tablero del juego en el piso (como se ilustra en la página 73) usando cinta adhesiva (*masking tape*). Dos rollos de cinta deben ser suficientes. Usa cinta adhesiva de color rojo para indicar las líneas verticales en el diagrama, y amarillo para señalar las áreas de castigo (los cuadros con puntitos en el diagrama). Puedes hacer el dado o los dados pintando de blanco una caja de cartón y dibujando los puntos negros o con un cuadrado de *foam*. Algunas tiendas de juguetes venden dados en tamaños grandes.

Para el «baño», trata de conseguir un inodoro viejo en el que los chicos puedan sentarse. (Es realmente divertido ver las reacciones de los jugadores cuando los mandas «al baño».) También necesitas almohadas para el «duelo» que se desatará cuando dos jugadores ocupen el mismo espacio.

Además, debes fotocopiar y cortar las tarjetas de juego que aparecen en las páginas 74 y 75. En la página 76 están detalladas las reglas del juego. Fotocópialas y repártelas a los participantes. *Dale DeNeal*

¡TE ATRAPARON!

SALÓN DE CASTIGO

ENTRADA

1ER PISO

BAÑO

2NO PISO

−

+

−

TARJETAS AMARILLAS

3RO PISO

+

−

+

−

+

+

−

+

TARJETAS ROJAS

META

= − + −

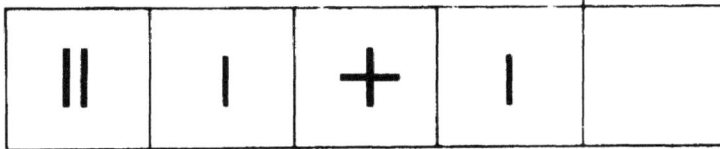

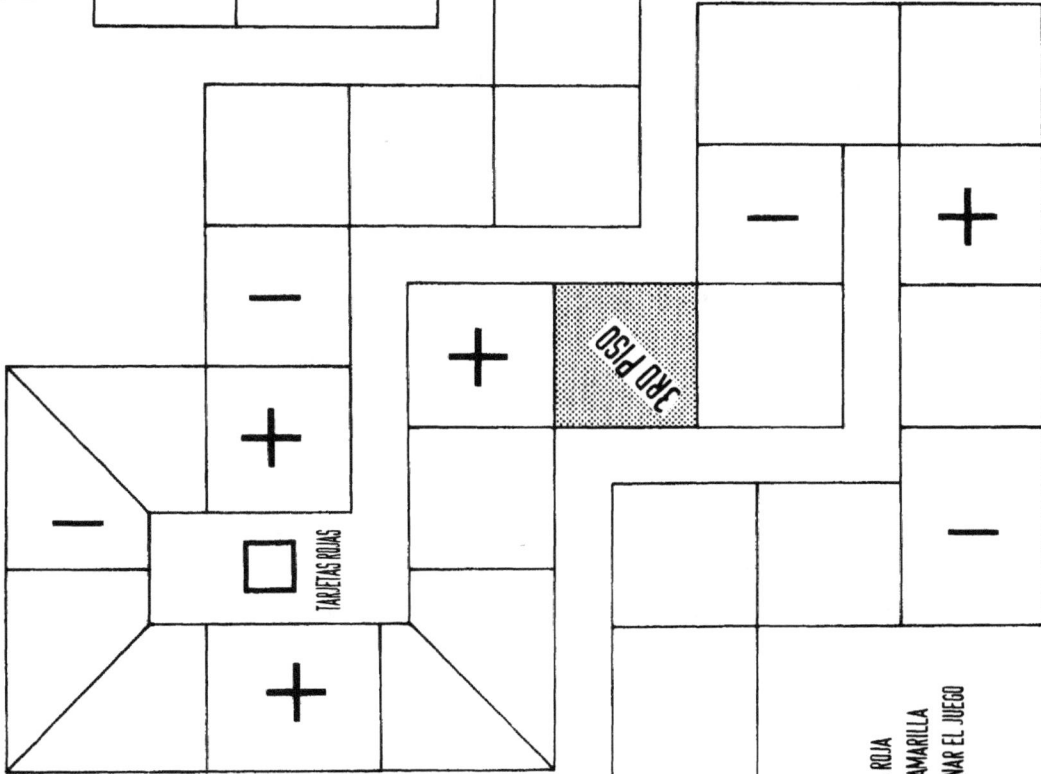

+ TOMA UNA TARJETA ROJA
− TOMA UNA TARJETA AMARILLA
= SACA UN 6 PARA GANAR EL JUEGO

El principal te está esperando en la puerta. **¡TE ATRAPARON! VE AL SALÓN DE CASTIGO.**

El supervisor del pasillo te acaba de sorprender, pero quisiste pasarte de listo y le enseñaste un pase falsificado para estar en el pasillo. ¿Te creyó? **¡PARA NADA! VE AL SALÓN DE CASTIGO.**

Sócrates Tontín te ve dando vueltas por el pasillo. Él tiene un pase para estar en el pasillo, pero tú no, y él lo sabe, porque él lo sabe todo y te denunció con el principal. **¡TE ATRAPARON! VE AL SALÓN DE CASTIGO.**

El supervisor del pasillo te acaba de sorprender, pero quisiste pasarte de listo y le enseñaste un pase falsificado para estar en el pasillo. ¿Te creyó? **¡SÍ! ¡ES TU DÍA DE SUERTE!**

¡El supervisor del pasillo estaba escondido en un *locker*! **¡TE ATRAPARON! VE AL SALÓN DE CASTIGO.**

Tiburón Rodríguez es el encargado de tratar con los pases de pasillo falsificados. Encuéntrate con él en el Baño. **¡PERDISTE UN TURNO! VE DERECHITO AL BAÑO.**

¡ÉCHALE LA CULPA A OTRO! La Sra. Pérez te atrapó en el pasillo. Ella te pide que le des tu nombre para enviarte al salón de castigo. Tú le das el nombre de otra persona. **¡CULPA A OTRO! ENVÍALO AL SALÓN DE CASTIGO PARA UN TURNO.**

El supervisor del pasillo te acaba de sorprender, pero quisiste pasarte de listo y le enseñaste un pase falsificado para estar en el pasillo. ¿Te creyó? **SÍ Y TE DA UN PASE... DIRECTITO PARA EL BAÑO.**

De repente, el supervisor del pasillo sale de la nada. El único lugar para esconderte es el baño. **PIERDES UN TURNO. VE DIRECTO AL BAÑO.**

Escuchas unos pasos que se acercan, así que rápidamente te escondes en un *locker*. Era simplemente el conserje, pero el *locker* se cierra... ¡estás atrapado! **PIERDES UN TURNO.**

TARJETAS DE JUEGO ¡TE ATRAPARON!

AMARILLAS

VE A LA LÍNEA DE SALIDA MÁS CERCANA	**MUÉVETE TRES ESPACIOS HACIA ATRÁS**
RETROCEDE TRES ESPACIOS	**MUÉVETE UN ESPACIO HACIA ATRÁS**
MUÉVETE DOS ESPACIOS HACIA AL FRENTE	**RETROCEDE DOS ESPACIOS**
REGRESA A TU PUNTO DE PARTIDA	**MUÉVETE DOS ESPACIOS HACIA ATRÁS**
MUÉVETE TRES ESPACIOS HACIA AL FRENTE	**MUÉVETE HACIA EL ESPACIO ROJO MÁS CERCANO**

¡TE ATRAPARON!
EL JUEGO

Tu situación: Como siempre, llegas tarde a la escuela. La situación es desesperante... si recibes otro volante de tardanza te enviarán al salón de castigo. Afortunadamente para ti, tu maestra de salón hogar es la Sra. Patricia Ojosciegos, quien usa unos espejuelos más gruesos que el fondo de una botella de Coca Cola. Si puedes llegar a tu salón sin que te atrapen, estarás a salvo. Lamentablemente, llegar a tu salón no es tan fácil como parece pues está en el último extremo del pasillo del tercer piso. Cada piso está infestado de delatores, supervisores de pasillos (buscando a quién devorar), y maestras a las que les encanta enviar estudiantes al salón de castigo (son capaces de entregarle un volante de castigo a las cucarachas si las atrapan en el pasillo en hora de clases).

Pero todavía tienes una oportunidad. Puedes esconderte en los *lockers* (armarios), comprar pases falsificados para estar en el pasillo y encontrar refugio en el baño. Ten cuidado, sin embargo, porque justo cuando crees que estás a salvo y puedes salir al pasillo otra vez...

Las reglas:

• Cada jugador se mueve hacia delante con el tiro del dado.

• Cuando el jugador cae en una marca roja o amarilla tiene que hacer lo que diga la tarjeta.

• Para salir del salón de castigo, debes sacar un número impar en tu turno y tienes hasta tres turnos. Tres detenciones y estás fuera del juego.

• Si otro jugador llega al baño mientras estás allí, automáticamente quedas «excusado» y puedes regresar al lugar de salida donde estabas.

• Dos jugadores no pueden ocupar el mismo espacio (excepto por el cuadro con la señal = antes de entrar al salón hogar). Si un jugador cae en un espacio que ya está ocupado, un duelo de almohadas decide quién se queda. El perdedor debe regresar al punto de partida. El duelo debe pelearse por dos jugadores parados en una sola pierna, aguantando la otra pierna con una mano y manejando la almohada con la otra. El ganador es el primero que logre que su oponente pierda el balance y se caiga.

• Para entrar al salón hogar, debes sacar un 6 en tu dado.

¡TE ATRAPARON!
EL JUEGO

Tu situación: Como siempre, llegas tarde a la escuela. La situación es desesperante... si recibes otro volante de tardanza te enviarán al salón de castigo. Afortunadamente para ti, tu maestra de salón hogar es la Sra. Patricia Ojosciegos, quien usa unos espejuelos más gruesos que el fondo de una botella de Coca Cola. Si puedes llegar a tu salón sin que te atrapen, estarás a salvo. Lamentablemente, llegar a tu salón no es tan fácil como parece pues está en el último extremo del pasillo del tercer piso. Cada piso está infestado de delatores, supervisores de pasillos (buscando a quién devorar), y maestras a las que les encanta enviar estudiantes al salón de castigo (son capaces de entregarle un volante de castigo a las cucarachas si las atrapan en el pasillo en hora de clases).

Pero todavía tienes una oportunidad. Puedes esconderte en los *lockers* (armarios), comprar pases falsificados para estar en el pasillo y encontrar refugio en el baño. Ten cuidado, sin embargo, porque justo cuando crees que estás a salvo y puedes salir al pasillo otra vez...

Las reglas:

• Cada jugador se mueve hacia delante con el tiro del dado.

• Cuando el jugador cae en una marca roja o amarilla tiene que hacer lo que diga la tarjeta.

• Para salir del salón de castigo, debes sacar un número impar en tu turno y tienes hasta tres turnos. Tres detenciones y estás fuera del juego.

• Si otro jugador llega al baño mientras estás allí, automáticamente quedas «excusado» y puedes regresar al lugar de salida donde estabas.

• Dos jugadores no pueden ocupar el mismo espacio (excepto por el cuadro con la señal = antes de entrar al salón hogar). Si un jugador cae en un espacio que ya está ocupado, un duelo de almohadas decide quién se queda. El perdedor debe regresar al punto de partida. El duelo debe pelearse por dos jugadores parados en una sola pierna, aguantando la otra pierna con una mano y manejando la almohada con la otra. El ganador es el primero que logre que su oponente pierda el balance y se caiga.

• Para entrar al salón hogar, debes sacar un 6 en tu dado.

GÁRGARAS MUSICALES

Entrégale a todo el mundo un vaso de papel lleno de agua y pídeles que hagan gárgaras siguiendo el ritmo de varias canciones cuando des la señas («Feliz Cumpleaños», «Cuán grande es Él», «Las mañanitas», cualquier otras canciones que sean familiares para tus jóvenes). Haz un concurso para ver quién puede adivinar la canción que está «cantando» la persona (o grupo pequeño de personas). Ten a la mano muchas toallas para secar el reguero que se formará con este juego.

Michael Capps

¡ESTO SABE AGRIO!

Pide a tres voluntarios que se sienten en sillas de frente al resto del grupo. A la señal, cada uno abre un sobrecito de *Kool-Aid* (bebida de frutas que se vende en forma de polvo y luego se le añade agua). Entonces los voluntarios se chupan un dedo y lo meten en el paquete. El jugador que primero pueda comerse todo el *Kool-Aid* usando este método, es el ganador. Es muy divertido porque no esperan que el polvo de *Kool-Aid* tenga un sabor tan agrio, y usualmente terminan con los labios cubiertos del polvo. *Amy Zuberbuhler*

LETRA POR LETRA

¿Quieres grabar en la mente de tus jóvenes una palabra o frase importante en tu próxima lección? Escribe la palabra, letra por letra, en cuadrados pequeños de papel. Luego pega los cuadritos con cinta adhesiva en distintos escondites alrededor del edificio —debajo del extintor de incendios, en la perilla de la puerta de la oficina del pastor, etc.)

Cuando comience la reunión, dale un lápiz y una tarjeta en blanco a cada estudiante y diles que deben formar una palabra y que las letras que la forman están regadas por todo el edificio. Diles también la cantidad exacta de letras que están buscando. Luego de encontrar todas las letras, deben descifrar la palabra o frase. No obstante, no tienen que esperar a encontrar todas las letras para tratar de adivinar cuál es la palabra. Adviérteles que sean cuidadosos en su búsqueda de letras de modo que no le revelen a los otros jugadores la localización de las letras que ya encontraron.

Otorga dos premios: uno al estudiante que encuentre la mayor cantidad de letras y otro al estudiante que primero descifre la palabra o frase. *Howard B. Chapman*

¡POR EL AIRE! ¡POR EL PISO!

El objetivo de este juego para más o menos 25 personas es ser el primero de cuatro equipos en lanzar o rodar una bola de goma de color entre todos sus miembros y luego de regreso al capitán.

Primero organiza las sillas en forma de un cuadrado, divide el grupo en cuatro equipos iguales y pídeles a los miembros de cada equipo que se sienten en lados opuestos a sus compañeros de equipo, como se muestra en el siguiente diagrama:

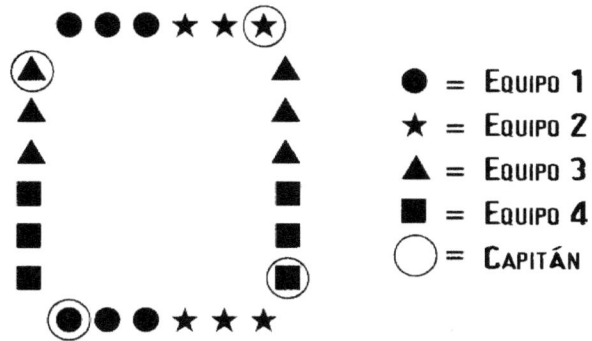

● = EQUIPO 1
★ = EQUIPO 2
▲ = EQUIPO 3
■ = EQUIPO 4
◯ = CAPITÁN

Luego, dale a cada equipo una bola de goma de un color diferente. Pide un voluntario de cada equipo para que sea el capitán; los capitanes deben sentarse en uno de los extremos de su equipo, y los cuatro capitanes deben sentarse en la misma posición con relación a sus equipos.

Estas son las instrucciones del juego. Cada capitán tira la bola hacia el otro lado del cuadro a un compañero de equipo que esté en el lado opuesto. Entonces, ese jugador le tira la bola al otro lado del cuadro al jugador que está sentado al lado del capitán y así sucesivamente.

Puedes imaginarte el divertido caos de cuatro equipos de jóvenes tratando de pasar sus bolas de goma a través del mismo limitado espacio. La última persona en el equipo en recibir la bola, la tira de regreso al capitán y luego de esto todo el equipo se pone de pie y grita para dejarle saber a todo el mundo que ya terminaron.

Ahora bien, esto es lo que lo hace divertido: En cualquier momento el líder de jóvenes

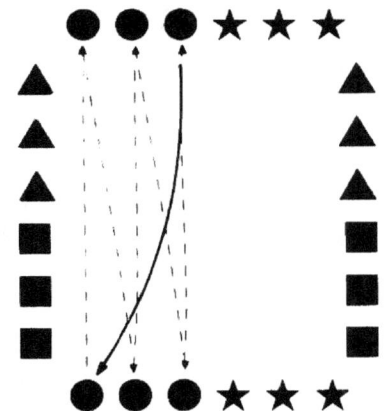

puede gritar: «¡Bola por el suelo!» Ante esta señal todos los equipos deben inmediatamente comenzar a rodar sus bolas por el piso en lugar de tirarlas. Y cuando oigan: «¡Bola voladora!» comienzan otra vez a tirar las bolas. Es válido que el líder grite la misma señal varias veces corridas, solo para mantener alerta a los jugadores. *Michael W. Capps*

TIRO AL «PATO»

Véndale los ojos a tres o cuatro líderes adultos y dales un silbato a cada uno (o algo para hacer ruido).

Ellos son los «patos» en la zona de tiro y deben moverse para adelante y para atrás, hacia arriba y hacia abajo detrás de una pared o cartón que tenga más o menos 1.5 m (5 pies) de alto. Mientras se mueven deben hacer ruidos de «patos».

Desde una distancia de 3 metros (10 pies), los muchachos y muchachas les tirarán bolas de playas a los «patos». El que logre alcanzar a más patos es el ganador. Puede obsequiar premios tipo feria o carnaval.

John Krueger

GUERRA DE PALITOS DE ALGODÓN

Divide el grupo en dos equipos y sepáralos con una línea que atraviese el centro del salón. Entrégales a los jugadores de cinco a diez palitos de algodón (*Q-Tips*) y una pajita (pajilla, sorbeto, popote) y... ¡qué comience la guerra! El objetivo es pasar la mayor cantidad posible de palitos de algodón al otro lado de la línea antes que se termine el tiempo asignado. Los jugadores pueden reabastecerse de palitos de algodón y seguir disparando. Cuando se termine la «batalla», un grupo de voluntarios objetivos cuenta los palitos de algodón a cada lado y el equipo con la menor cantidad es el ganador.

Todd Ladd

EN TU CARA

• **Maquillaje de mantequilla de maní.** Forma varias parejas de muchachos y muchachas. Dales a los muchachos una cuchara grande de mantequilla de maní. La carrera comienza con los chicos untándoles la mantequilla de maní en la cara de sus parejas.

Cuando las muchachas están debidamente «maquilladas», deben gatear a lo largo de una línea de objetos bien livianos (empaques de huevos, envases plásticos de leche, cajas de zapatos, platos de papel, rebanadas de pan, etc.) y levantar los objetos con su cara cubierta de mantequilla de maní. Los muchachos deben cami-

nar al lado de ellas con bolsa de papel y allí las muchachas deben dejar caer los objetos.

A propósito, se dice que la mantequilla de maní funciona mejor que la manteca vegetal (*Crisco*) o la vaselina.

• **Mojado y pegajoso.** Este es el momento de la revancha de las chicas. Entrégales a las muchachas un paquete de dulces *Lifesavers* de sabores de frutas. A la señal, cada chica abre su paquete, sumerge los dulces en un vaso de agua y se los pega en la cara a su pareja. Si alguno de los dulces se cae, lo puede recoger, mojarlo y pegárselo en la cara otra vez.

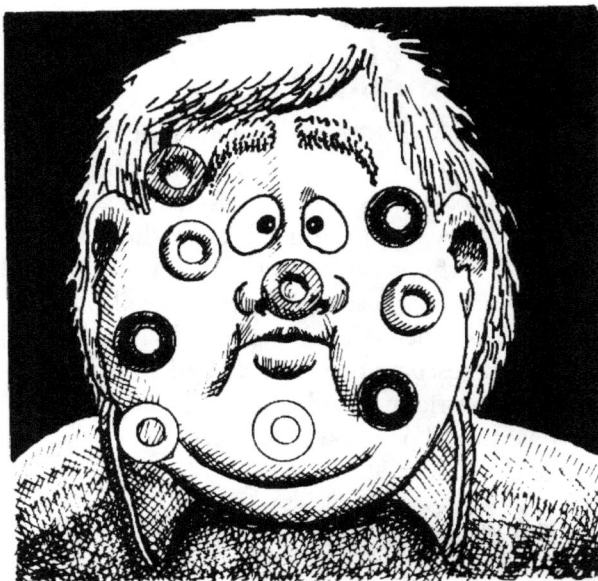

La primera pareja que logre pegar todos los dulces en la cara del muchacho es la ganadora. O también puedes establecer un tiempo límite y si más de una pareja logra pegar todo el paquete en la cara de los chicos, entonces juzga al ganador según el tiempo, más allá del límite, que permanezcan los dulces pegados en sus caras.

Para añadir pegajosidad, las muchachas pueden echar todos los dulces en el vaso de agua al mismo tiempo y luego sacarlos uno a uno para pegarlos en la cara de su pareja. *Steve Bridges y Rodney Oxford*

ZONA DE VUELO RESTRINGIDA

Bienvenidos a una guerra entre avioncitos de papel y misiles de palitos de algodón (*Q-Tips*).

Coloca una silla en cada extremo del salón. Usa cinta adhesiva alrededor de las sillas para delimitar el territorio de cada equipo. Debes tener los siguientes materiales: pajitas (sorbetos, pajillas), palitos de algodón, papel en diferentes colores y dos pares de espejuelos de seguridad.

Entrégale a cada jugador un papel de color (cada equipo debe tener un color distinto) y pídeles que hagan un avioncito con él. Mientras tanto, reparte una pajita y un palito de algodón a cada jugador. Reabastece las municiones luego del lanzamiento de cada avión para evitar los ataques sorpresivos a los líderes adultos del grupo.

Ahora, ¡a jugar!: Cada equipo escoge un jugador para que se siente en una silla y lance un avión. Todos los demás jugadores permanecen en la zona de vuelo restringida —el territorio fuera de la cinta adhesiva— esperando para atacar con sus misiles los proyectiles enemigos. A la señal, el jugador lanza el avión y comienza el ataque con los misiles en un intento por tumbar el avión antes de que aterrice en el territorio del oponente.

El primer equipo que logre aterrizar diez aviones dentro del círculo, es el ganador.

Recoge todos las pajitas y los palitos de algodón cuando el juego termine para que puedas dar tu charla sin que los chicos te «ataquen». *Matt Klein*

TIRO DE ANILLOS

Este juego es igual al que tradicionalmente se juega en las ferias, con la excepción de que los estudiantes son las botellas (quizás puedes colocar en sus cabezas conos de tráfico) y los hula-hula son los anillos. Ajusta el juego de modo que responda a tu grupo y al tipo de actividad que quieres. Forma equipos de dos jugadores que tomen turnos para lanzar los anillos sobre ellos. Para añadir dificultad, pídeles que den un paso para atrás cada vez que hagan un lanzamiento. Otra alternativa es pedirle a un jugador que se pare en una línea, de frente a las otras «botellas», y darle a cada tirador tres oportunidades de colocar el anillo en su lugar (mientras más lejos esté la botella más puntos vale el lanzamiento que se logra con éxito). *Michael Capps*

NINTENDO EN EQUIPO

Pide prestado o alquila un televisor de pantalla grande y el juego de Nintendo que esté de moda (o cualquier otro juego de computadoras que sea popular entre tus jóvenes) para una batalla de campeonato con videojuegos.

Comienza el juego con una persona de cada equipo en los controles y el resto de los jugadores parados a tres metros (diez pies) del jugador de turno. Los jugadores tienen treinta segundos en los controles —debes tener un cronómetro—, mientras que el resto de sus compañeros le dan ánimo. Luego de treinta segundos los dos jugadores siguientes corren a los controles y siguen jugando, intentando no perder ni un solo tiro. Cuando todos los jugadores de cada equipo hayan tenido su turno para jugar, se termina la primera ronda y se calcula la puntuación por equipo.

Puedes seguir jugando mientras notes que los jugadores están animados y promételes un gran premio para el equipo con más puntos. *Jeff Koch*

CONCURSO DE AVIONES

Provee muchos papeles, pintura, goma de pegar y marcadores para que cada jugador pueda hacer un avioncito. Premia al avión más bonito, al que pueda volar más lejos y al que permanezca más tiempo en el aire.

CARRERA SOBRE PAPEL

Entrégale dos papeles a cada jugador (las hojas del periódico funcionan muy bien). Los jugadores deben tratar de llegar a una meta saliendo desde la línea de partida. Sin embargo, solo se les permite caminar parados encima de sus papeles. Así que deben subirse y bajarse constantemente para acomodar sus papeles y llegar a la meta (un paso por papel a la vez). Quienquiera llegue a la meta primero con sus dos papeles intactos es el ganador.

RELEVO DE BANANAS

Este es un buen juego para jugar bajo techo y que requiere poco espacio. Divide el grupo en cuatro equipos iguales y siéntalos en forma de un cuadrado, cada equipo es un lado del cuadrado. Coloca una silla en el centro, pero nadie debe sentarse en ella. Entrégale una banana al jugador que esté en el extremo izquierdo de cada fila (el primer jugador de cada equipo). A la señal, el primer jugador corre hacia el centro y alrededor de la silla sin tocarla, debe regresar a su fila pero debe ubicarse en el extremo derecho de la misma. Mientras tanto, todos los jugadores de su equipo se han movido una silla hacia el principio de la fila, dejando vacía la silla al extremo derecho. Luego de ocupar la silla vacante, el primer jugador pasa la banana a los jugadores de su fila. Cuando el último jugador recibe la banana debe repetir el proceso: correr hacia el centro, dar una vuelta alrededor de la silla, ir al final de la fila, sentarse en la silla vacía y pasar la banana.

Cada uno de los equipos debe intentar ser el primero en lograr que todos sus jugadores le den la vuelta a la silla en el centro y acomodarse en la posición original. El

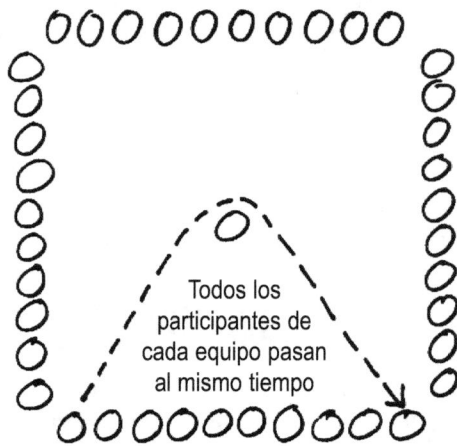

Todos los participantes de cada equipo pasan al mismo tiempo

jugador que estaba primero al comenzar el juego debe comerse la banana cuando su equipo termine y así se declara a un ganador.

¡CAMBIEN!

Este es un juego bajo techo del tipo silla y música que es ideal para retiros. Acomoda 36 sillas en forma de hexágono (o por lo menos 24), divide al grupo en seis equipos con seis jugadores cada uno, asígnale un número a cada equipo (del uno al seis) y entrégale al líder de cada equipo un letrero con el número de su equipo. Pídeles a los jugadores que se sienten como equipos, en orden numérico, en el sentido de las manecillas del reloj (ver diagrama).

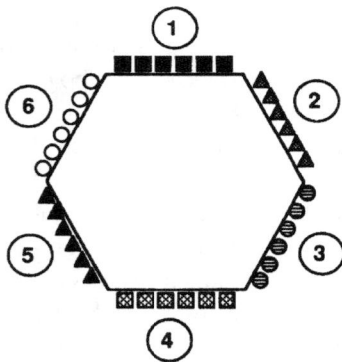

Luego entonces grita la primera combinación de números: «1-3, 2-6, 5-4... ¡cambien!» Esto significa que cuando grites «¡Cambien!», el equipo uno y el tres deben intercambiar posiciones, los equipos dos y seis deben intercambiar posiciones, y el equipo cinco y cuatro deben intercambiar posiciones. (Debes crear de antemano las diferentes combinaciones de números y sencillamente leerlas durante el juego.) El letrero del capitán debe ayudar a que los jugadores lleguen a la

sección apropiada, pero de todos modos es un gran caos. He aquí el ángulo competitivo del juego: la última persona que se siente queda eliminada (la silla, sin embargo, permanece en el juego). Si el capitán queda eliminado, debe entregar el letrero con el número del equipo a otro jugador. Luego gritas la siguiente combinación de números: «4-2, 1-5, 3-6... ¡cambien!» y así sucesivamente hasta que solo quede un jugador. Una variación interesante es eliminar a los jugadores por equipo de modo que los últimos jugadores de cada equipo jueguen en las rondas finales. *Michael W. Capps*

FÚTBOL EN FILA

Este es un juego con mucha acción que requiere mucho trabajo en equipo. Divide el grupo en dos equipos y siéntalos en sillas formando dos filas, de frente una a la otra. El objetivo es que los equipos, usando solo los pies, muevan una bola de voleibol (o parecida) hacia y dentro de sus zonas de gol; es decir, el extremo izquierdo de la fila, si cada equipo mira hacia su izquierda.

Los jugadores deben mantener sus manos detrás de las sillas para evitar tocar la bola, lo que constituye una falta. Para comenzar el juego, deja caer la bola en el medio de los dos equipos.

Si los equipos son demasiados agresivos, pídeles que se quiten los zapatos para evitar que se lastimen las quijadas. Además, asegúrate que las dos filas de sillas estén solo lo suficientemente separadas para que sus pies apenas se toquen cuando estiren las piernas hacia ambos lados. *Mike Weaver*

ANUNCIOS Y PUBLICIDAD

Usa revistas viejas y recorta por lo menos dos anuncios diferentes del mismo producto. Reúne todo tipo de anuncios. Lleva a las personas individualmente a la parte de atrás del salón (o a cualquier lugar disponible) y préndele un anuncio en la espalda. Pídeles que busquen a la persona que tiene el otro anuncio del mismo producto. Luego, deben formar parejas y escribir una frase publicitaria de dos a cuatro líneas para promover el producto. Dale a cada pareja la oportunidad de «vender» su producto. *Vivian Worsham*

CONCURSO DE PAJILLAS

Este juego se ve más fácil de lo que realmente es. Cada jugador recibe dos pajitas (pajillas, sorbetos) y un vaso lleno de agua. Deben colocar una pajilla dentro del agua y la otra no.

Sin embargo, las dos pajillas deben estar dentro de la boca del participante. Mientras los jugadores corren para vaciar sus vasos, no se dan cuenta que la pajita por la que solo están aspirando aire va a ser responsable de que se retrasen bastante. *Kathie Taylor*

JUEGO DEL INOCENTE

Al comienzo de una fiesta o una actividad especial, entrega un papelito con alguna instrucción a todos los participantes. La instrucción es una broma «inocente» que los participantes deben jugarle a otra persona antes que termine la actividad. Por ejemplo, pudiera decir: «Dile a alguien que tiene la cremallera abierta» o «Dile a alguien que tiene una llamada telefónica», y así por el estilo. Si la persona cae en la trampa (mira hacia abajo o va hacia el teléfono, etc.) entonces ha caído irremediablemente en la trampa y queda eliminada del juego.

La idea es tratar de evitar que te tomen el pelo y tú eliminar a la mayor cantidad de oponentes. Esto funciona mejor cuando hay suficiente tiempo (mientras están pasando otras cosas). Verifica al final de la fiesta o actividad, cuántas personas cayeron en la trampa, quién le tomó el pelo a la mayor cantidad de personas, etc. ¡Es bien divertido!

PRUEBA TU FUERZA

Esta es una buena hazaña para una noche de competencias. Todo lo que necesitas es una balanza de baño común y corriente. Cada persona toma la balanza con las dos manos y la aprieta, de modo que registre el mayor peso en la balanza. O puedes usar a dos personas, una que sostenga la balanza y otra que empuje, con el propósito de registrar el mayor peso posible. *Kathie Taylor*

¡AVIVAMIENTO!

Este es un buen juego para fomentar la asistencia de los jóvenes a la iglesia. Diles que para que aprendan cómo asistir a un servicio dominical deben practicar ciertas tareas relacionadas al servicio. Luego puedes jugar juegos como estos (o puedes inventar algunos nuevos):

• **Encuentra una silla.** En caso de que solo haya un salón en el que deban permanecer de pie en el siguiente servicio dominical, van a tener una buena práctica para encontrar una silla. Usa el juego de las sillas y la música.

• **Pasa el plato.** ¡Se necesitan destrezas especiales para pasar el plato de la ofrenda! Juega cualquier juego de relevo (como el «Relevo de bananas» en la página 80), pero usa un plato de ofrenda para pasar entre los jugadores.

• **Identifica el himno.** ¡Llegó el momento de cantar! Juega a las mímicas con los títulos de himnos conocidos. Tan pronto adivinen de qué himno se trata, el equipo debe cantar algunos versos.

• **Memoriza un versículo.** Este es un ejercicio de práctica para oír la lectura de la Palabra del día de hoy. Juega el juego del «Secreto» usando un versículo bíblico. El líder lo susurra en el oído del primer jugador, quien a su vez lo susurra al segundo y así sucesivamente hasta terminar la fila. La última persona debe citar el versículo de forma correcta.

• **Anima el sermón.** Los chicos necesitan practicar cómo responder a los puntos acertados del sermón, ¿verdad? Distribuye en pedacitos de papel palabras y frases como «¡Amen!», «¡Aleluya!», «¡Gloria a Dios!» y otras respuestas entusiastas. Escribe la misma palabra o frase en varios trozos de papel. A la señal, los jugadores deben encontrar a todos los que estén gritando su misma frase. El primer grupo en reunirse es el ganador. *Alan C. Wilder*

¿TE ACUERDAS?

La próxima vez que salgas con tus jóvenes a un campamento o retiro, escoge a una persona que tome nota de algunos detalles curiosos del viaje. He aquí algunas ideas: «¿Cuál es el número del cuarto en el que durmió el líder?», «¿Cuál es la primera letra de la placa del autobús de la iglesia?», «¿Cuál fue la última palabra que dijo el líder de los jóvenes justo antes de que lo tiraran a la piscina?» Usa tu imaginación... ¡todo se vale! Entonces reúne todas las preguntas y haz una competencia para elegir al campeón en preguntas relacionadas con el viaje. Esta es una forma excelente para que los jóvenes ejerciten la memoria y para crear el ambiente para un tiempo de evaluación en cualquier actividad o viaje. *Ron Rummel*

ASESINO

Crea el ambiente para este juego presentando *Psycho* [Asesino], el clásico de terror de Alfred Hitchcock, la próxima vez que tengas una actividad en la que los jóvenes se queden a dormir. Además, escoge por anticipado a cinco jugadores: uno para que haga el papel de asesino y cuatro para que representen a los detectives. Mantén en secreto las identidades de los seleccionados (ni los escogidos ni el resto del grupo debe conocer las identidades del asesino ni los detectives). Solo tú conoces sus identidades y ellos no pueden decirle a nadie quiénes son.

Luego que termine la película, anuncia que hay un asesino entre ellos. El individuo se ve completamente normal y puede ser cualquier de ellos. Afortunadamente, hay cuatro detectives encubiertos tratando de capturar al asesino, pero deben sorprenderlo *en el acto*.

El asesino debe llevar una peluca puesta al momento de atacar y debe marcar con un marcador a sus víctimas. (Esconde la película y el marcador antes de comenzar el juego y déjale saber al asesino dónde encontrarlos al momento de empezar a jugar.) Provéeles a tus detectives copias de bolsillo del Nuevo Testamento que deberán usar como su credencial y prueba de identidad. Los detectives solo pueden hacer un arresto si atrapan al asesino en el acto, peluca y todo lo demás.

Dile a todo el mundo que se esconda del asesino en un cuarto oscuro. Pero adviérteles que tengan cuidado pues... ¡el asesino puede estar escondiéndose con ellos! Una vez el asesino marca a una víctima, esta debe regresar al salón de jóvenes y esperar al final del juego. Este juego puede tener dos finales: un detective atrapa al asesino «con las manos en la masa», o el asesino ata-

ca y elimina a los cuatro detectives antes de que estos puedan atraparlo a él o ella. *Jason McClelland y David Moss*

BOTELLITA DE CUMPLIDOS

Al igual que en el clásico juego y favorito de muchos, «La botellita», para este juego necesitas una botella de Coca Cola o Pepsi y un círculo de jóvenes dispuestos a decirse frases de ánimo y cariño. El que hace girar la botella no le da un beso a nadie, sino que le dice una palabra de ánimo y cariño a la persona a la que señale la botellita. *Marti Lambert*

PELOS PARADOS

Para esta competencia de peinados, selecciona a muchachos que tengan el pelo largo.

Cada muchacho escoge a dos muchachas para que estén en su equipo. Entrégale a cada chica una botella de laca para el pelo, un secador de pelo y un cepillo, y háblales del objetivo: peinar el pelo de los muchachos en cinco minutos. El ganador es el chico que tenga los pelos de la cabeza más parados. Otorga premios de consolación a los peinados más originales. *Stephen Troglio*

¡TE VES HERMOSA ESTA NOCHE!

Este revelador juego es más eficaz en una actividad que requiera que los jóvenes vayan bien vestidos y acompañados por sus parejas. Selecciona varios voluntarios (varones) y pídeles que salgan del salón por un momento. Deben regresar uno a uno, con los ojos vendados y cada uno oye esto:

Gracias, (nombre), por participar en este juego. Te recomendaron para ser uno de nuestros participantes por tu gran habilidad para evaluar y opinar sobre las modas y el estilo de las chicas. ¿De verdad crees que nuestras chicas siempre están muy bien vestidas? ¿En serio? Bueno, entonces estoy seguro(a) que no tendrás ningún problema para darnos una completa descripción del estilo y los colores que está vistiendo tu pareja en esta noche.

Luego de unos momentos de incoherencias inaudibles, inventos desesperados y, en algunos casos, una improvisación espectacular, trae al próximo chico en la fila. *Fred Swallow*

CHOCOLATE DERRETIDO

Forma varias parejas con los jugadores y siéntalos uno frente al otro. Cada persona coloca un chocolate pequeño en la lengua de su compañero. Ambos jugadores deben sacar la lengua lo más posible. El ganador es el que pueda mantener el chocolate en su lengua el mayor tiempo posible sin morderlo, dejarlo caer, tocarlo con las manos o labios y sin que se le derrita por completo. Este juego va a causar toneladas de saliva, así que prepárate. *Duane Steiner*

REVOLTILLO DE LETRAS

Divide el grupo en dos o más equipos con la misma cantidad de jugadores. Entrégale varias hojas de papel de construcción (o de impresora) y marcadores. Asigna una palabra a cada equipo, una letra por cada miembro que tenga el grupo. Luego, los muchachos escriben una letra grande y clara en cada papel de construcción, de modo que todos la puedan ver fácilmente. El objetivo del juego es confundir a los demás equipos. Por ejemplo, los miembros del equipo al que se le asigna la palabra Nazaret pueden pararse y sostener las letras en este orden.

T A Z N A E R

El equipo que adivine la palabra correcta en menos tiempo gana la ronda.
Revoltillo de letras es un juego que se puede adaptar fácilmente a cualquier tipo de lección o estudio, simplemente usando las palabras que sean pertinentes al tema, pasaje u ocasión.
Puedes también intentar esta variación:

1. Escribe de antemano las letras de una palabra (o frase corta) en diferentes hojas de papel. Prepara tantos juegos como equipos tengas.
2. Mezcla las letras en cada juego de letras de modo que estén fuera de orden.
3. Cuando comience la reunión, entrega un juego de letras a cada equipo.
4. A la señal, cada equipo trata de ser el primero en descifrar la palabra y cada jugador se para en la posición correcta para que pueda leerse. *Michael Capps*

GLADIADORES

Adapta el juego de televisión *American Gladiatiors* («Los Gladiadores») a tu salón de jóvenes o al salón de actividades de tu iglesia. Arma el área de juego con cuatro barreras, tales como mesas o escritorios, donde los jugadores puedan protegerse. Separa un área pequeña donde puedan reunirse los gladiadores y designa un área donde termine la carrera. Necesitas tener cincuenta o más bolas de tenis para que las usen los gladiadores. Debes proveerle equipo de seguridad a cada jugador —espejuelos de protección, cascos, protectores de rodillas, etc.) para que los usen cuando estén haciendo el recorrido del circuito de juego.

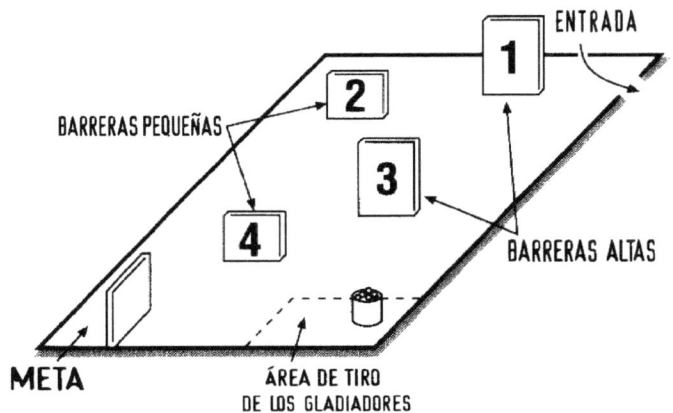

Dale un minuto a cada corredor para hacer su recorrido desde la línea de partida, por todas las barreras y tratar de terminarlo lo más rápido posible, a pesar de la lluvia de bolas de tenis que le están tirando los gladiadores. Los corredores a los que alcancen las bolas quedan eliminados.
Añade un poco de dificultad colocando un blanco de 2.5 metros (8 pies) en la pared detrás de los gladiadores. Luego, coloca una bola de tenis detrás de cada barrera. Un corredor que tenga éxito en llegar a una barrera puede tirar la bola desde allí. Los jugadores que le peguen al blanco ganan la ronda.
Lleva un registro de los jugadores que terminen el cir-

cuito, y premia al que lo haga más rápido con una camiseta o algo similar. *Bruce Smith*

TOMA UNA ILUSTRACIÓN

Llena una canasta o caja con ilustraciones tomadas de periódicos y revistas. Divide el grupo en por lo menos dos equipos. Cada equipo envía a una persona a la canasta para que saque una ilustración. Los equipos tienen treinta minutos para comenzar a escribir una historia basada en la ilustración.

Luego de treinta segundos, los equipos envían a otra persona a buscar otra ilustración; cada grupo continúa su historia, pero de alguna manera deben incluir la nueva ilustración. Esto continúa hasta que todos los jugadores hayan tenido la oportunidad de sacar una ilustración de la canasta. Los jueces determinan cuál es el equipo con la historia más creativa.

Pega las ilustraciones en papel y entrelázalas con las páginas de las historias. El resultado final es un libro que los jóvenes puedan leer.

CARRERA CON SILBATOS

¿Tienes algunos jóvenes en tu clase a los que les gusta hablar muchísimo? Bueno, pues este juego es una forma de mantener sus bocas ocupadas. Dale a cada jugador una carta y un silbato (los de plástico son económicos y funcionan muy bien). En una línea de partida, acomode a los muchachos en fila (arrodillados y con el silbato en la boca) y coloque también las cartas (en el piso, al frente de ellos), señala la meta y déjelos que comiencen su carrera. Los jugadores deben soplar sus cartas —a través de sus silbatos— hasta llegar a la meta. Si el ruido te enloquece, puedes sustituir los silbatos con pajillas (absorbentes). *Rob Ely*

JUEGOS CON ENVOLTURA DE PLÁSTICO

Un rollo de 60 cm (24 pulgadas) de ancho de plástico transparente del que se usa para envolver mercancía en paletas de madera es una manera de crear variaciones a juegos que de otra manera resultarían aburridos. Considera este un artículo indispensable en tu gabinete de materiales.

• **Orugas comiendo bananas.** Envuelve a diez jugadores —manos a los lados— en plástico del cuello hacia abajo. (Por razones de seguridad y en caso de emergencias, no los envuelvas tan apretados que estén completamente inmóviles. Y debe estar preparado y equipado para quitar el plástico de inmediato de ser necesario.) Con mu-

cho cuidado, acuéstalos en el piso en el lado contrario del salón de donde tengas diez bananas sin pelar. Pídele a algunas personas que te sirvan de obstáculos entre las «orugas» y las bananas.

Luego de moverse por el piso, centímetro a centímetro, como si fueran orugas, los jugadores deben comerse las bananas y regresar al punto de partida. El primero en terminar gana el juego.

• **Olimpiadas de siameses.** Los juegos de siameses son maneras excelentes para motivar a los jóvenes a trabajar en equipo. Une a dos jugadores —o partes de ellos—envolviéndolos con plástico.

Ahora juega fútbol o voleibol pero con los jugadores en parejas y enrollados en plástico en lugar de hacerlo de forma individual. *Mark Klein*

EL KARATEKA

Para este juego necesitarás diez discos de *foam* (o círculos de 13 cm [5 pulgadas] hechos de cartón), un banco de piano (o un banquito pequeño) y cinta adhesiva de empacar para marcar la «zona de peligro»; esto es, una franja que atraviesa el salón a lo ancho (ver diagrama).

Selecciona a un jugador para que sea el karateka. Dale los discos y pídele que se pare en el banco (debe permanecer ahí durante todo el juego).

Alinea el resto del grupo en uno de los extremos del

Zona de peligro

salón. A la señal, deben tratar de pasar por el lado del karateka sin que este los «mate» (los alcance con un disco). Como es posible que los corredores no sientan cuando los alcanzan los discos, los oficiales determinarán esto. Los jugadores «muertos» deben permanecer en la zona de peligro por el resto del juego.

Una vez confinados a la zona de peligro, sin embargo, los jugadores muertos trabajan para el karateka tratando de retrasar la salida de los jugadores de la zona de peligro, pero sin aguantarlos con las manos. Los jugadores muertos también pueden recuperar discos para el karateka. Los jugadores vivos siguen corriendo de un lado a otro de la zona de peligro hasta que solo quede uno... el siguiente karateka. *Doug Partin*

MUÑECO DE NIEVE... SIN NIEVE

Guarda todo el relleno de *styrofoam* y papel en tiras que viene dentro de las cajas de empaque hasta que tengas una bolsa plástica bien grande llena de estos materiales. Divide a los muchachos en grupos pequeños y pídeles que escojan un voluntario para que sea el muñeco de nieve (o muñeca de nieve, según el caso). A la señal, el grupo envuelve al voluntario en cinta adhesiva, con la parte engomada hacia fuera. Los miembros del equipo traen el *styrofoam* y el papel en tiras desde el otro lado del salón y se lo pegan al muñeco de nieve. Luego del tiempo establecido, un juez elige al muñeco de nieve mejor «vestido». *David Overholt*

GUERRA DE CALCETINES

Este juego funciona mejor si el edificio tiene un montón de recovecos, esquinas, puertas, pasillos y lugares para esconderse, o también puedes jugarlo en un área exterior con características similares.

Divide el grupo en dos equipos. Entrégale a cada jugador lo siguiente:

• Tres boletos: un color diferente para cada equipo.
• Tres calcetines (deben estar amarrados para poder lanzarlos mejor).

Los equipos se reúnen en los extremos opuestos del área de juego, se apaga la luz y ¡comienza el juego!

El objetivo: Conseguir boletos golpeando a tus oponentes con los calcetines. El jugador golpeado debe entregar un boleto al jugador que lo golpeó; mientras que el «tirador» está recibiendo su boleto y su calcetín de vuelta, ambos jugadores están a salvo de que otros jugadores les peguen.

Cuando un jugador se queda sin boletos, no puede tirar más ningún calcetín; esto es así hasta que un compañero de equipo le entregue un boleto. Este juego puede durar todo el tiempo que desees. *Mark Miller*

TORNADOS HUMANOS

Lo primero que debes hacer es asignar un número a cada jugador.

• **Hasta seis jugadores:** Enuméralos del uno al seis. (Con la tirada de un dado se indicará a qué jugador le corresponde el turno.)
• **De siete a once jugadores:** Enuméralos del dos al doce. (El total de una tirada de dos dados indicará a quién le corresponde el turno.)
• **De doce a veintiún jugadores:** Enuméralos con las posi-

bles combinaciones de un par de dados: 1:1, 1:2, 1:3, etc. Por ejemplo, Sally es 1:3; Alberto es 2:5; Marcos es 4:6. El número más pequeño debe estar en la primera posición: un 5 y un 2 forman 25, no 52.

Luego, asígnale números a las partes del cuerpo. Por ejemplo, la oreja derecha es 1, la oreja izquierda es 2, la mano derecha es 3, la mano izquierda es 4, el pie derecho es 5 y el pie izquierdo es 6.

La primera vez que se tiran los dados es para el número del jugador; la segunda vez, para la parte del cuerpo. Digamos que estás jugando con 12 jugadores

o más. Tu primera tirada es un 4:6 (lo que indica quién es el jugador, en este caso, es Marcos) y tu segunda tirada es un 2 (que indica la oreja izquierda de Marcos). La siguiente tirada es un 2:5 y un 3, lo que indica la mano derecha de Alberto, así que Marcos coloca su oreja izquierda con la mano derecha de Alberto. Lo próximo que verá es que todos los integrantes del grupo de jóvenes están atados a un rompecabezas enorme.

Sea que juegues este juego en forma de competencia o que lo juegues solo por diversión, te garantizamos que es muy divertido. Este es quizás uno de esos juegos en el que vale la pena tirar fotografías. Coloca las fotos menos embarazosas en el salón de los jóvenes. *Dik LaPine*

IDA Y VUELTA

Todo lo que necesitas para este juego de muchísima acción es un dado, un silbato, un reloj, dos personas que anoten la puntuación, alguien que lleve control del tiempo y un salón dividido a la mitad con cinta adhesiva de empacar.

Divide a tus estudiantes en dos equipos y colócalos en los lados opuestos del salón. Un equipo es el Equipo Impar; el otro, el Equipo Par. El que lleva el registro del tiempo se para a un lado del salón y comienza el juego con un lanzamiento de dados. Según haya sido la tirada, entonces dice: «¡Impar!» o «¡Par!». El equipo al que llame, inmediatamente cruza al territorio enemigo y trata de sacar a un miembro del otro equipo hacia el lado opuesto. Reciben un punto por cada jugador del equipo opuesto al que puedan cruzar de lado.

Mientras tanto, el dado se tira cada cinco segundos. Si la tirada cambia de impar a par, se suena el silbato y cambia la tarea de los jugadores. Los que están en el territorio enemigo deben salir de él sin que los toquen; de otra manera, el otro equipo recibe un punto.

Cuando haya transcurrido un minuto, la ronda termina con tres silbatos cortos. El que lleva los puntos anuncia la puntuación del la ronda. El ganador (o los ganadores) se anuncia como el mejor de cinco rondas. *Frank Riley*

ALCANZA MI SILLA DE OFICINA... ¡SI PUEDES!

A los jóvenes de nivel intermedio les encanta este juego. Una persona se sienta en una silla de oficina giratoria y con ruedas, en el centro de un círculo de jugadores que tiran una bola a la silla. El jugador que está sentado, mientras tanto, trata de bloquear los tiros. El jugador que alcance la silla con la bola gana el derecho de sentarse en ella.

Con un poco de práctica, el jugador sentado desarrolla una buena destreza para girar, rodar y moverse a tiempo para evitar que lo alcance la bola. Por otra parte, el espaldar de la silla es un excelente blanco para los tiradores. *Steve Smoker*

GUERRA DE CIEMPIÉS

Crea varios ciempiés. Cada ciempiés es una fila de cinco o más jugadores que colocan las manos sobre los hombros de la persona frente a ellos.

La primera persona de cada ciempiés es el pegador y su función es tratar de eliminar segmentos (individuos) en otros ciempiés, tirando una bola al último segmento del ciempiés rival. (Las bolas deben alcanzar a los jugadores más abajo del cuello.) Cuando la bola alcanza la parte posterior del ciempiés, esa persona se elimina del juego. Un ciempiés permanece con vida hasta que la bola alcanza al segmento detrás del pegador. Los ciempiés pueden maniobrar en cualquier parte del área de juego pero deben permanecer unidos en todo momento.

Luego de varias rondas, los jóvenes desarrollarán su estrategia para proteger la sección trasera mientras maniobran para atacar a otros ciempiés. *Tom Lytle*

EL MANIQUÍ

El objetivo es vestir al maniquí con los artículos de la lista, usando lo que los jugadores llevan puesto en ese momento. Pídeles a los equipos que formen un círculo y que elijan a una persona para ser el maniquí en el centro. Dale a cada grupo la siguiente lista.

Gorra de béisbol	Cepillo
Gomita para recogerse el pelo	Lápiz labial rojo
Reloj	Sortija (aro)
Chaqueta	Correa
Sandalias	Esmalte de uñas
Aretes	Collar
Brazalete	Sudadera
Abrigo o sweater	Medias hasta las rodillas
Tenis	

El equipo que use la mayor cantidad de artículos de la lista es el ganador. *Cindy Allen*

EL PEZ GLOTÓN

Los participantes compiten contra el reloj en una carrera por comer lombrices de dulce (*gummy worms*) que cuelgan del techo.

Reúne palillos para tender ropa, cordón fuerte y muchas lombrices de dulce. Corta el cordón en distintos tamaños, fija un extremo al techo y el otro extremo al palillo para tender ropa, y sujeta lombrices de dulce en cada palillo de tender ropa. Los jugadores corren de cordón en cordón y, usando sus bocas, tratan de «pescar» y comerse las lombrices de dulce. El ganador es el que se coma la mayor cantidad de lombrices en el menos tiempo posible. *Matt Klein*

JUEGOS PARA
ESPACIOS PEQUEÑOS

¿No tienes acceso a un salón de actividades ni a un gimnasio? Entonces trata algunos de estos juegos pues puedes jugarlos hasta en la sala de una casa. Son excelentes para reuniones informales, fiestas o para cualquier momento en que tengas un salón lleno de jóvenes que en algún momento no tienen actividades que hacer. Algunos son juegos que no necesitan mucha acción, otros requieren algún movimiento. No tienes la obligación, claro está, de limitarte a una sala, puedes jugarlos prácticamente en cualquier lugar: mientras das un viaje largo por carretera, en las largas filas antes de que empiece un concierto, etc.

PASA LA TORONJA

Divide el grupo en equipos y entrégale una toronja (pomelo) a cada uno. Su meta es que pasen la toronja —que están sosteniendo con sus quijadas— a lo largo de una fila. No se permite usar las manos. Si se cae la toronja deben empezar otra vez por el principio de la fila. El equipo que logre con éxito pasar la toronja por toda la fila es el ganador.

UN GOBERNANTE, UN ESPÍA Y UN ASESINATO

Este es un buen juego de «pensar» que es muy divertido. Necesitarás dos líderes o árbitros. Primeramente, los líderes dividen el grupo en dos equipos y explican que cada equipo representa a un país. En cada país todos serán ciudadanos leales, excepto una persona en cada equipo que secretamente será un espía para el país enemigo.

Luego, los dos países se mueven a lugares separados, donde no puedan oírse entre ellos. Allí deben escoger a un gobernante entre sus miembros. Los enemigos desconocerán la identidad de esa persona. Luego de es-

coger el gobernante, también deben seleccionar un espía entre los miembros restantes por medio de un sorteo secreto de tarjetas, para que de este modo los miembros no sepan quién es el espía enemigo entre ellos. Para lograr esto, el líder de cada país debe pedirle a todos sus miembros (excepto al gobernante) que saquen un papelito de una bolsa, lo miren y luego lo devuelvan al líder de modo que él también pueda verlo. Todos los papelitos (excepto uno) tendrán escrita en ellos la palabra LEAL. El otro papelito dirá ESPÍA. De esta forma solo el espía y el líder conocerán su identidad. El otro líder hace lo mismo con el otro país.

Entonces, mientras los países todavía están separados, los dos líderes intercambian lugares y le dicen a cada país el nombre de su espía en el otro equipo pero no pueden revelar la identidad del gobernante del otro país. Luego de esto, los dos países se reúnen en el mismo cuarto. El objetivo es que cada país descubra por medio de su espía en el otro equipo quién es el gobernante de ese país y entonces deben asesinar a ese gobernante.

Ese asesinato ocurre al «apuñalar» con el dedo al enemigo por la espalda (¡solo así!). Si lo prefieres, puedes inventar otro método.

Cada equipo sabe quién es su espía en el otro equipo, pero no saben cuál de sus propios miembros es realmente un espía enemigo para el otro país. Si lo descubren, pueden asesinar a ese espía. Sin embargo, si se equivocan y asesinan a uno de sus miembros leales, entonces pierden el juego. Además, si asesinan a uno de los miembros del otro país y resulta que no es el gobernante, pierden el juego.

Los espías pueden usar cualquier método que deseen para decirles a sus amigos en el otro equipo quién es el gobernante en el país en el que él o ella es espía. Pero los espías deben ser sutiles a fin de que no revelen su identidad a los miembros de su equipo y sean asesinados.

De igual forma, los ciudadanos de un país deben ser cuidadosos de no revelar al otro equipo quién es el gobernante entre ellos, a fin de que no lo asesinen. El país que asesine primero al gobernante del otro país, sin matar a nadie por error, es el ganador. *John Bristow*

TE ATRAPO... ¡A CIEGAS!

Forma un círculo con objetos que tengan una circunferencia de aproximadamente 6 metros (20 pies). Por ejemplo, une dos mesas o pasa una soga alrededor de cuatro sillas. Véndale los ojos a dos jugadores y colócalos en los lados opuestos del objeto. Siempre deben estar tocándolo. Escoge cuál de los dos va a intentar tocar al otro. Los espectadores pueden gritarle a su jugador favorito hacia dónde ir para tocar al oponente o cómo evitar que el otro lo alcance. Ten cuidado con los choques a alta velocidad. Una variación es pedirle a todo el mundo que permanezca en silencio y dejar que los jugadores vendados se encuentren oyéndose mutuamente. Esto no funciona en un cuarto con alfombra. *Rogers E. George III*

¡BIP!

Este es un excelente juego para jugar bajo techo. Los jugadores se sientan en un círculo y comienzan a contar del uno al cien. En el momento en que a algún jugador le toque el número siete o un múltiplo de siete, él o ella debe hacer: «¡Bip!» (Ejemplo: 1, 2, 3, 4, 5, 6, ¡BIP!, 8, 9, 10, 11, 12, 13, ¡BIP!, 15, 16, ¡BIP!, 18, 19, etc.) Cualquiera que cometa un error o pause por más tiempo de los segundos acordados, se elimina.

Haz el juego más fácil para jugadores más jóvenes usando el número cinco y múltiplos de cinco y que digan «¡Ajá!» en vez de «¡Bip!». Para complicar las cosas, juega con una combinación de ¡Bip!/¡Ajá! y usando el siete, el cinco y sus múltiplos.

LOCURA DE COLORES

En una cartulina, pinta diferentes secciones con distintos colores (rojo, azul, verde, amarillo, etc.) En cada área coloreada escribe el nombre de un color, pero que no corresponda al color que tenga esa sección de la cartulina. Entonces, para confundir a los chicos, pídeles que te digan el nombre del color que estás señalando en la cartulina (no la palabra escrita, sino el color real). No es fácil. *Rita Hollis*

¿CONOZCO A ESA PERSONA?

Divide a tus jóvenes en cuatro grupos. Pídele a cada grupo que escoja a un jugador y que haga una lista de seis a ocho características que lo describan. Entonces, un miembro del grupo lee las características a los otros tres equipos. El propósito es adivinar lo más pronto posible a quién están describiendo. Gana el grupo que adivine quién es la persona con la menor cantidad de pistas. *William C. Moore*

TIERRA, AIRE, FUEGO, AGUA

Los participantes forman un círculo y dejan a un jugador en el centro. Ese jugador le tira una bola a alguien en el círculo y rápidamente dice «tierra», «aire», «fuego» o «agua», y luego cuenta rápido hasta diez. La persona que recibe la bola debe decir el nombre de un animal (tierra), un pájaro (aire), un pez (agua) o decir nada (fuego), antes que el jugador del centro termine de contar. El que recibe la bola toma el lugar del lanzador si él o ella contesta de forma incorrecta. Los jugadores no pueden repetir los nombres que ya se hayan dicho. Cada respuesta debe ser original.

EL MAPA

Consigue varios mapas de carreteras (todos idénticos) de tu estado o país (o de cualquier lugar) y antes de comenzar el juego, dibuja con un lápiz un número, letra o símbolo grande en uno de los mapas; por ejemplo, un número ocho.

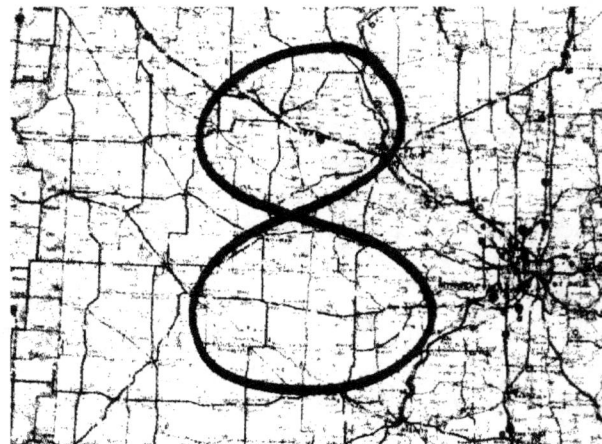

Haz una lista de todos los pueblos o ciudades que cruces, o que pases muy cerca, con la línea de tu lápiz. A los que vayan a jugar, divídelos en pequeños grupos y entrégales un mapa sin marcas y la lista de los pueblos o ciudades. A la señal, deben localizar los lugares en el mapa y descubrir cuál es el número o letra que forman esos pueblos o ciudades cuando se conectan con una línea. No se permite adivinar (una suposición equivocada los elimina), y el primer grupo que llegue a la respuesta correcta es el ganador. *Don Snider*

ELEFANTE, RINOCERONTE Y CONEJO

Los jugadores se sientan en un círculo apretado con un jugador en el centro. Ese jugador (el del medio) señala a alguien en el círculo y dice *elefante, rinoceronte* o *conejo*. El jugador señalado debe hacer uno de estos tres movimientos: poner sus manos en su espalda para el *conejo*, poner las manos formando un puño frente a su nariz para el *elefante* o poner ambos puños en su nariz con los dos dedos índices apuntando hacia al frente para el *rinoceronte*. Las dos personas a cada lado del jugador señalado deben poner una mano abierta hacia el jugador del centro para el *elefante*. Para el *rinoceronte* deben formar un puño en sus cabezas. Para el *conejo* deben formar un puño en sus cabezas con un dedo señalando hacia arriba. Todo esto debe hacerse antes de contar hasta diez. Si cualquiera de las tres personas falla en hacer su parte, entonces pasa a ocupar la posición del jugador del centro. *K. David Oldfield*

ESCONDE EL BOTÍN

Prepara en dos hojas de papel dos billetes falsos de un millón de dólares y entrégale una a cada uno de tus dos equipos. Pídele a un equipo que salga, mientras el otro busca un lugar para esconder su billete falsificado. Los miembros del otro equipo, que ahora son agentes busca botines, regresan al cuarto y se les permite hacer preguntas. Las preguntas deben estar relacionadas con la acción de esconder el billete, sobre la superficie que está tocando el billete en su escondite (madera, papel, cristal, piel, etc.), y así por el estilo. De hecho, un agente puede preguntar: «¿La persona que escondió el billete tuvo que pararse en la punta de sus dedos o en una silla para alcanzar el escondite?» O, «¿está el billete directamente puesto encima de algo?» Los agentes no pueden estar moviéndose para arriba y para abajo del cuarto, y solo pueden hacer preguntas que se contesten con sí o no. Las preguntas no pueden ser sobre lugares específicos del cuarto, y cada pregunta debe es-

tar dirigida a un miembro del equipo de falsificadores, quien siempre debe contestar con la verdad. Cada agente busca botines puede hacer todas las preguntas que desee, pero en el momento en que el agente decida hacer una suposición sobre un lugar específico como el escondite, debe anunciar que lo va a hacer. Si hace una suposición incorrecta, se elimina del juego. Luego que se descubra el escondite, el primer equipo sale del cuarto y el otro equipo esconde su billete y se repite el proceso con los papeles intercambiados.

El objetivo del juego es eliminar a todos los agentes o mantenerlos haciendo preguntas. Si un equipo logra eliminar a todos los agentes, y el otro no puede hacerlo (una vez los papeles se han intercambiado), entonces el primer equipo es el ganador. De lo contrario, el ganador es el equipo que lleve al otro a hacer la mayor cantidad de preguntas antes de que descubran el escondite. *John Bristow*

KLEENEX EN EL AIRE

Entrégale a cada equipo una hoja de papel facial (*Kleenex*). Los equipos deben lanzar la hoja al aire y mantenerla arriba, soplándola y sin tocarla. Tómale el tiempo a cada equipo. El equipo que dure más tiempo es el ganador.

CARRERA DE ANUNCIOS

Entrégale a cada equipo una copia del mismo ejemplar de la misma revista. También pídele a cada equipo que escoja un jugador para que sea el corredor. Mientras el líder describe un anuncio de la revista, cada equipo debe buscarlo, arrancarlo y el corredor debe llevárselo al líder. El equipo con la mayor cantidad de victorias es el ganador.

DESAFÍO DE PALILLOS

Selecciona a dos jugadores y siéntalos en sillas, una frente a la otra y tocándose las rodillas. Muéstrales a cada uno un recipiente lleno de palillos para tender ropa a la derecha de su silla. Véndales los ojos y concédeles dos minutos para que prendan los más palillos posibles en los pantalones del otro participante. *William Moore*

ABIERTO O CERRADO

Este es un juego excelente para reuniones pequeñas e informales en el que los chicos se sientan en un círculo y pasan un libro, una botella o unas tijeras. Cuando se pasa el objeto, cada persona debe decir si lo está pasando «abierto» o «cerrado». Por ejemplo, el jugador podría decir: «Recibí el libro (abierto o cerrado) y lo estoy pasando (abierto o cerrado)». Entonces el líder le dice a la persona si está correcto o incorrecto. Si está incorrecto, debe sentarse en el suelo o mantenerse parada (cualquier cosa que la haga claramente visible). La idea es descubrir cuál es el secreto, a saber: Si tus piernas están cruzadas, debes pasar el objeto cerrado. Si tus piernas están abiertas (sin cruzar), debes pasar el objeto abierto. Puede parecer sencillo, pero realmente es difícil de descubrir y esto lo convierte en un juego muy divertido. *Darlene Landan*

INSTRUCCIONES PRECISAS

El líder divide el grupo en dos equipos; uno está compuesto de agentes especiales de la policía y el otro de espías. Cada espía recibe una tarjeta con una de las instrucciones que se presentan abajo. Cada uno recibe una instrucción diferente. Entonces los agentes especiales toman turnos para hacerles preguntas a espías específicos. Para esto deben llamar al espía por su nombre antes del interrogatorio. Los agentes especiales pueden hacer todas las preguntas que deseen, a todos los espías que quieran y pueden preguntar cualquier cosa (excepto sobre las instrucciones que recibieron los espías). Cada espía debe contestar la pregunta que se le haga, pero siempre deben hacerlo en la manera descrita en su tarjeta. Cuando el agente especial adivine cuál es la instrucción del espía, este último se elimina del juego. El juego continúa hasta que los agentes descubran todas las instrucciones. Si el espía da una respuesta sin seguir sus instrucciones, queda eliminado del juego. Las puntuaciones deben llevarse de forma individual. El espía ganador es el que haya contestado la mayor cantidad de preguntas antes de que el agente haya podido adivinar sus instrucciones. El agente especial ganador es el que haya acertado el mayor número de instrucciones. (Un agente especial puede intentar adivinar en cualquier momento, sea o no su turno de interrogatorio.)

He aquí algunos ejemplos de instrucciones que puedes usar:

1. Miente cada vez que respondas.
2. Contesta cada pregunta como si fueras (nombre del líder adulto del grupo).
3. Trata de iniciar una discusión con cada respuesta.
4. Siempre menciona el nombre de un color en cada contestación.
5. Siempre usa un número en tus respuestas.
6. Sé evasivo; nunca contestes la pregunta realmente.
7. Siempre responde a la pregunta con otra pregunta.
8. Siempre exagera tus respuestas.
9. Siempre pretende haber malentendido la pregunta.
10. Ráscate siempre que estés contestando.
11. Siempre insulta al agente.
12. Siempre tose antes de contestar.
13. Siempre menciona algún tipo de comida cada vez que des tu respuesta.
14. Siempre menciona el nombre de alguno de los integrantes del grupo cuando respondas.

Este juego también puede jugarse sin formar equipos. Dale a cada persona una instrucción similar a las de la lista. Luego cualquier persona puede hacer preguntas hasta que alguien logre adivinar la instrucción secreta del interrogado. Cada nueva pregunta sin que se logre adivinar la instrucción vale un punto. *John Bristow*

JUEGO DE LOS PUNTOS

Entrégale a cada jugador una tarjeta donde puedan registrar su puntuación. Luego, lee una lista similar a la que presentamos a continuación. Cada jugador lleva su puntuación personal según lo que se especifica. La persona con más puntos es la ganadora. Crea tu propia lista con treinta aseveraciones como estas:

• Diez puntos si tienes alguna prenda de vestir que sea roja.
• Diez puntos por cada moneda de un centavo que tengas en tus bolsillos.
• Diez puntos si traes contigo un peine blanco.
• El número de tu calzado en puntos. Los medios puntos en el tamaño reciben el próximo número más alto; por ejemplo, ocho y medio equivale a nueve puntos.
• Diez puntos si tu cumpleaños cae en feriado nacional.
• Diez puntos si alguna vez te has montado en un tren.
• Diez puntos si ahora mismo tienes un bolígrafo; 25 puntos si tiene tinta roja.
• Diez puntos si tienes aretes puestos.
• Menos diez puntos si tienes un arete en tu nariz.
Lee Breedon

UNA MÍMICA, MUCHOS JUGADORES

Esta versión de mímicas funciona mejor con los jóvenes adultos.

Divide el grupo en equipos de cinco a siete jugadores cada uno. Pídele a un grupo que salga de la sala (cuarto o salón) mientras que los otros piensan en una situación que puedan representar sin usar palabras. Luego, trae a un jugador del equipo que está fuera del salón. Explícale la situación que él o ella debe representar.

Ahora trae a una segunda persona de ese equipo. Sin decir una palabra, el jugador #1 debe hacer la representación para el jugador #2. El jugador #2 puede o no entender la mímica, pero de todos modos debe representar la misma situación a un tercer miembro de su equipo. El jugador #3 hace la mímica para el jugador #4, y así sucesivamente. La última persona debe intentar adivinar cuál era la historia original.

Recuerda, todo esto debe hacerse en silencio. Hasta la más sencilla de las mímicas puede sufrir una gran metamorfosis después de pasar varias veces de un jugador a otro. Si la última persona no puede adivinar la mímica, el jugador #1 debe representarla otra vez y darle una oportunidad más de adivinar a la última persona. A continuación un par de situaciones clásicas para mímicas que pueden despertar tu creatividad.

1. Eres una participante en un concurso de belleza en la escuela secundaria (preparatoria) y estás muy ansiosa esperando el resultado final. De repente, ¡escuchas tu nombre! Das un paso adelante para recibir tu corona y tus rosas. Después viene la caminata de la victoria por la pasarela. Sin embargo, mientras continúas con tu caminata, enfrentas algunos inconvenientes. Primero, eres alérgica a las rosas y comienzas a estornudar repetidamente, pero sigues caminando, saludando al público. Despúes, el tacón de tu zapato se rompe y terminas tu pasarela ¡con solo un tacón!

2. Eres un pajarito a punto de dar a luz. Debes volar alrededor del salón buscando cosas para preparar tu nidito. Una vez terminas el nido, pones los huevos. Luego, termina la mímica con el nacimiento de los pajaritos y buscando lombrices para alimentarlos.

MÍMICAS DIBUJADAS

Este juego definitivamente dará mucho de qué hablar. A diferencia de otros juegos de mímicas, este es excelente para las personas tímidas. El juego puede jugarse mejor en un edificio con tres, cuatro o cinco salones separados que puedas usar.

Divide a los jugadores en cuatro o cinco grupos pequeños. Cada grupo debe tener por lo menos cinco integrantes. Pídele a cada grupo que seleccione un jugador para que comience el relevo. Entrégale un lápiz y un papel de dibujo a ese jugador. La hoja de papel debe colocarse en una superficie sólida para evitar que se dañe mientras se dibuja en ella.

El líder hace una lista de quince palabras comunes; cosas, personas o lugares que puedan dibujarse sin necesidad de usar letras o números (Moisés, aguacate, máscara, la Estatua de la Libertad, etc.) Debes prepararte para dos o tres rondas y tener a la mano

dos o tres listas, adaptando la dificultad de la lista al nivel del grupo. Vas a necesitar un papel grueso o un cartón fino para cubrir las palabras de tu lista. La lista como tal debe escribirse en un papel de maquinilla doblado a lo largo y por la mitad. Deletrea las palabras de forma clara y en letras mayúsculas. Párate en un lugar bastante céntrico para que todos puedan llegar a ti con facilidad. Necesitarás más de un supervisor en varios lugares estratégicos si tienes un grupo grande dividido en muchos equipos pequeños. En ese caso, cada supervisor deberá tener una lista idéntica a la tuya.

Explícales a todos los participantes las reglas del juego antes de enviarlos a sus salones asignados. En cada ronda deben hacerse todos los dibujos en un solo lado del papel. De esa manera, el reverso estará disponible para una segunda ronda. No se permite deletrear palabras ni usar números. Tampoco que los jugadores hablen, hagan mímicas o representen las palabras cuando sea su turno de dibujar. Cada artista tiene la oportunidad de indicar cuántas palabras están involucradas o asentir con un movimiento de cabeza si el grupo está frío o caliente mientras tratan de adivinar. Adviérteles a los jugadores que no griten sus respuestas pues otro grupo puede oír las respuestas correctas, a menos que, por supuesto, el grupo quiera quitarse de encima a los otros grupos.

El juego comienza cuando el líder llama a los primeros jugadores y les muestra la primera palabra de la lista. Estos jugadores corren de regreso a sus grupos y tratan de hacer una ilustración que represente la palabra que les mostraron. La primera persona en el grupo con la respuesta correcta recibe un lápiz, corre a donde está el líder, le susurra la palabra correcta y recibe la siguiente palabra. Se repite el mismo procedimiento hasta que un grupo identifique correctamente las quince palabras en la lista. Cada vez que termine una ronda, cada grupo tendrá una asombrosa obra de arte moderno. Puedes otorgar premios a la representación más artística de la noche, etc.

Como una variación, todas las palabras en la lista pueden tener un tema: títulos de canciones, historias bíblicas, animales, etc.

Una vez los muchachos tengan suficiente práctica, puedes estar seguro(a) que te pedirán este juego con frecuencia. Prepárate para tener segundas y terceras rondas para romper empates. Otra sugerencia: reorganiza constantemente los integrantes de los grupos para evitar que los mismos grupos ganen todo el tiempo. *Alan G. Stones*

MÍMICAS CON CADERAS

Este es un juego excelente para reuniones casuales. Es lo mismo que el juego de mímicas tradicional con la excepción de que los jugadores deletrean las palabras con sus caderas en lugar de usar pantomimas o señales con las manos. Cada participante trata de que su equipo adivine la palabra que están deletreando parándose de espalda a su equipo y moviendo sus caderas para formar (escribir) las letras en el aire. El equipo grita las letras según las van reconociendo y tratan de adivinar el título correcto lo más rápido posible. ¡Los resultados son para morirse de la risa! *Lorne H. Belden*

¡JA, JA, JA!

Este juego es una locura que provocará muchísimas carcajadas. Una persona se acuesta boca arriba en el piso y la siguiente se acuesta poniendo la cabeza sobre el estómago de la primera. La tercera persona se acuesta y coloca su cabeza sobre el estómago del segundo y así sucesivamente.

Después que todos los participantes estén acostados, la primera persona dice: «¡Ja!», la segunda dice: «¡Ja, ja!», la tercera dice: «¡Ja, ja, ja!» y así sucesivamente cada persona añade un «¡ja!». Tiene que hacerse «seriamente» y si alguien comienza a vacilar, el grupo tiene que empezar otra vez. ¡Es divertidísimo!

JUEGOS CON CASETES

He aquí algunas maneras en las que puedes usar un casete como recurso para un juego:
• **Identifica el comercial:** Graba comerciales de televisión en un casete. No dejes que se mencione el nombre del producto en tu casete. Deja que el grupo los oiga. El primero en decir el nombre del producto al que se hace referencia anota un punto para su grupo o para él o ella.
• **Identifica a la estrella:** Igual que el anterior, solo que esta vez grabas las voces de programas de televisión o de actores famosos del cine o la televisión. Otorga un punto por adivinar el nombre del actor o la actriz, y otro por identificar la película o programa del que fue grabada su voz.
• **Identifica el sonido:** Graba varios sonidos de una grabación de efectos de sonidos (o hazlo tú mismo). Es posible que puedas tomar prestadas grabaciones de efectos de sonido de la biblioteca de tu ciudad o escuela.
• **Identifica la canción:** Graba canciones que estén de moda, pero cuando pases la cinta hazlo a una velocidad diferente —sea muy rápido o muy lento— de manera que sea difícil entender o descubrir de qué canción se trata. Un punto por la canción, un punto por el artista que la canta.
• **Identifica esa vieja canción:** Igual que el anterior, excepto que en algunos casos no será necesario cambiar la velocidad en que se graba la canción.
• **Identifica ese ruido:** Usa todas las ideas anteriores en un solo casete. Este casete es un gran reto pues los chicos están regularmente muy despistados.
• **Ruidos misceláneos:** Otros recursos que puedes usar son: canciones temas de programas de televisión, voces de personas de tu iglesia, maestras de escuela, *disc jockeys* de la radio, voces de personas en tu grupo de jóvenes, voces de niños en tu iglesia, los primeros versículos de historias bíblicas, historias infantiles, canciones infantiles, himnos que se cantan en tu iglesia, entre otros. *Bill Calvin*

LADRÓN DE REGALOS

Este juego funciona mejor con un grupo de quince a veinte personas. Para empezar, todos los jugadores reciben un paquete envuelto para regalo. Deben ser regalos de broma que no tengan ningún valor; algo así como un zapato viejo, una llave vieja, etc. Luego de distribuir los regalos, reparte un mazo de naipes de manera que todos los jugadores tengan la misma cantidad. El líder debe guardar para sí un segundo mazo de naipes. Cuando todo el mundo tenga un regalo y algunas cartas, el líder baraja sus naipes, saca una y dice cuál es. Quienquiera tenga esa carta (del primer mazo) le entrega al líder su naipe y tiene la oportunidad de tomar el regalo que desee. Luego, el líder anuncia la segunda carta y el que la tenga puede escoger el regalo que quiera, y así sucesivamente hasta que se haya usado todo el mazo de naipes.

Es muy divertido ver cómo los regalos pasan de una mano a otra. Al principio, una misma persona puede acumular varios regalos pero cuando se le terminan sus cartas (naipes), la atención cambia a otro jugador. Claro está, quienquiera tenga los regalos al final del juego puede desenvolverlos y quedarse con ellos.

Muchas veces descubrir el contenido de algunos regalos por los que se «pelearon» muchísimo produce tanta diversión como el juego mismo.

Como una variación, usa este procedimiento con los regalos de Navidad. *Douglas Whallon*

MUERDE LA BOLSA

Coloca una bolsa de papel abierta y parada (de las que se usan en los supermercados) en el centro del área de juego y pide a los jugadores que formen un amplio círculo alrededor de ella. Una persona a la vez debe pasar al centro y levantar la bolsa usando solo sus dientes y luego volverse a parar. Lo único que puede tocar el piso son las plantas de los pies de los jugadores. Según van pasando los jugadores, notarás que casi todo el mundo puede hacer esto.

Luego que todos los jugadores hayan tenido un turno, corta o dobla la bolsa unos cuantos centímetros. Inicia

la ronda otra vez. Con cada ronda, reduce más el tamaño de la bolsa. Cuando una persona no pueda levantar la bolsa y volverse a parar, queda eliminada del juego. El ganador es el que pueda levantarla sin caerse cuando ya nadie más pueda hacerlo. *Jim Walton*

MENTIROSO

Este es un buen juego para fiestas o grupos pequeños que es muy divertido y que ayuda a que la gente se conozca mucho mejor. Cada persona recibe un papel y un lápiz. En la parte superior de la hoja, él o ella escribe cuatro características sobre su persona. Una de las características tiene que ser cierta. Las otras tres deben ser falsas. La característica que es cierta debe ser un detalle que pocos conozcan hasta ahora.

Entonces, el juego comienza de verdad. Una persona a la vez, todos leen esas cuatro características y los demás tratan de adivinar cuál es cierta. Cuando sea tu turno, te anotas un punto por cada conjetura incorrecta (no debes dar la respuesta correcta hasta que todos hayan participado). Cuando eres tú el que está tratando de adivinar, recibes un punto si haces una suposición correcta. Al final del juego, gana la persona que tenga más puntos. Cada persona debe llevar un registro de sus puntos. *R. D. Birdwell*

¡COINCIDENCIA!

Divide el grupo en dos o más equipos con igual cantidad de jugadores. Cada equipo debe seleccionar un capitán que debe moverse al frente del salón junto a los otros capitanes. Todo el mundo, los capitanes de equipos inclusive, debe tener varias hojas de papel y lápices. El líder le hace a todo el grupo una pregunta, por ejemplo: «¿Quién va a ganar la Copa Mundial este año?» Cada persona, sin hacer ninguna consulta, debe escribir su respuesta en un papel y luego pasarla al capitán, quien también escribió su respuesta. Cuando estén listos, los capitanes anuncian sus respuestas y se anota un punto para el equipo cada vez que la respuesta del capitán coincida con la de un miembro del equipo. En otras palabras, si el capitán contestó: «Brasil», entonces su equipo recibe un punto por cada respuesta de su equipo que también sea «Brasil».

A continuación algunas ideas de preguntas o puedes inventar las tuyas.

1. Si fueras a pintar este salón, ¿qué color escogerías?
2. ¿Cuál es el país en el mundo que más te gustaría visitar?
3. ¿Cuál es tu programa de televisión favorito?
4. Elige un número entre uno y cinco.
5. ¿Qué libro de la Biblia es el que más habla sobre las buenas obras?
6. ¿Cuál es la mejor manera de divertirse en esta ciudad?
7. ¿Cuál es la palabra más graciosa en la que puedes pensar?
8. ¿Cuántos hijos crees que tendrás?

Los jugadores deben tener en cuenta que el propósito de sus respuestas es que coincidan con las del capitán. *Rick McPeak*

PARADO EN UN PIE

Este es un juego que parece muy sencillo pero no lo es. Todos los participantes deben pararse en un solo pie, mientras se aguantan el otro con los ojos cerrados. El que logre mantenerse por más tiempo es el ganador. Es muy poco probable que alguien pueda hacer esto por más de treinta segundos. *Ron Erber*

NOMBRA SEIS

Todos los jugadores se sientan formando un círculo, excepto una persona que se sienta en el centro con los ojos cerrados. Luego comienza a pasarse un objeto (puede ser cualquier cosa: un libro, una bola, un zapato) alrededor del círculo hasta que la persona en el centro aplauda una vez. La persona en el círculo que tenga el objeto en las manos debe esperar hasta que el jugador del centro diga una letra del alfabeto. El objeto sigue pasándose alrededor del círculo mientras que la persona que tenía el objeto en la mano en la ronda anterior trata de nombrar seis artículos que comiencen con la letra asignada. Debe completar esta tarea antes de que el objeto llegue otra vez a sus manos. Si no tiene éxito, esa persona intercambia su posición con la persona del centro. La segunda vez que una persona no pueda nombrar los seis artículos, queda fuera del juego y el tamaño del círculo se va reduciendo. *Robert Schnitzer*

OJII-SAN, OBAA-SAN

Este es un juego de origen japonés. Los jugadores se sientan formando un círculo y le entregas dos pañuelos a dos jugadores cualquiera que estén sentados a cierta distancia uno del otro. Un pañuelo representa a la abuela (Ojii-san) y el otro representa al abuelo (Obaa-san). El juego se basa en la idea de que la abuela persigue al abuelo.

Cuando el juego empieza, los jugadores que tienen los pañuelos los colocan alrededor de sus cuellos, hacen un nudo sencillo, aplauden una vez y luego se quitan el pañuelo y lo pasan a la persona que tienen a su derecha. Los jugadores a la derecha repiten el mismo proceso. Esto continúa hasta que alguien quede atrapado o atrapada con el pañuelo de la abuela antes de pasar el pañuelo del abuelo al próximo jugador. Quienquiera quede atrapado de esta forma recibe algún tipo de castigo. *Burell Pennings*

COLUMNAS DE ANIMALES

Este es un juego gratificante si no quieres mucha actividad física, pero aún así puedes pasarla bien. Entrégale a cada persona una hoja de papel y un lápiz. Luego pídeles que escriban un nombre propio en la parte superior del papel y que lo dividan en columnas usando las letras como encabezamiento, según la ilustración:

R	O	B	E	R	T	O

Todo el mundo debe usar el mismo nombre.

Luego el líder dice: «Animal», y cada jugador debe escribir en cada columna los nombres de todos los animales que recuerde y que comiencen con la letra de esa columna en particular. Entonces el líder pide que le lean los nombres de todos los animales y hace una lista general. Los jugadores reciben puntos por cada animal que tengan escrito en su papel, y además cada animal recibe una puntuación de bonificación basada en la cantidad de jugadores que no tienen el nombre de ese animal en su lista.

Columnas de animales también puede jugarse con flores, vegetales, árboles, ciudades o cualquier otra categoría en la que puedas pensar. ¡Es súper divertido! *Russell Matzke*

CUCHARAS

Este juego es muy similar al clásico juego de las sillas y la música, excepto que en esta versión usas cucharas y un mazo de cartas (naipes). Debes tener cuatro cartas de un mismo estilo (cuatro reyes, cuatro diez, etc.) por cada jugador. Coloca sobre la mesa una cuchara por cada jugador que tengas, menos uno. Mezcla las cartas y entrégale cuatro cartas a cada jugador.

Luego de tener una oportunidad de mirar sus cartas, los jugadores comienzan a pasar una carta al jugador que tienen a la derecha. Siguen pasando las cartas hasta que un jugador tenga en sus manos cuatro cartas de un mismo estilo. Entonces, el jugador toma una cuchara y todos tratan de tener una en la mano cuando termine la pelea. Si el jugador que primero alcanza la cuchara lo hace silenciosamente, entonces pasará un buen rato antes de que los otros se percaten de que falta una cuchara. *Bill Thompson*

ME VOY DE VIAJE

Este es uno de esos juegos que prueban la concentración de cada jugador. El líder comienza diciendo: «Me voy de viaje y llevo conmigo _____». Él puede llevar cualquier cosa siempre y cuando sea de solo una palabra. La segunda persona repite la oración y añade un artículo a la lista. La tercera añade otro, y el juego continúa mientras que sigan repitiendo la lista en el orden correcto. Si una persona se olvida de un artículo o los dice fuera de orden, se elimina del juego. *Kit Hoag*

COMPLETA TU HISTORIA

Divide el grupo en dos o más equipos. Cada equipo selecciona un portavoz que los represente. Entrégale a cada equipo una tarjeta con una frase loca escrita en ella. (Sé creativo. Mientras más «loca» sea la oración, mucho mejor.) Por ejemplo: «Catorce elefantes amarillos que manejaban convertibles de puntitos dorados y rojos se encontraron en una fiesta de Navidad». Luego, el portavoz de cada grupo pasa al frente con su tarjeta.

El líder les explica que él comenzará una historia; en cierto punto, se detendrá y señalará a uno de los portavoces para que siga con la narración del cuento. Cada un minuto, más o menos, sonará un silbato y esa persona debe callarse y el siguiente jugador debe continuar con la narración. Esto continúa por cerca de diez minutos.

Ahora bien, el objetivo es este: ajustar la narración de tal manera que puedan insertar en el cuento la frase que tienen en su tarjeta sin que los otros equipos se den cuenta.

Al final de la historia, cada equipo debe decidir si el portavoz de los otros grupos fue capaz de insertar sus oraciones en la historia; y, si ese es el caso, cuál es la oración. Puede dar puntos por inserta la oración, adivinar si pudieron o no insertarla y por identificar la oración.

He aquí una manera en la que puedes comenzar una historia:

Un precioso día de verano, Carlos Correcto y Priscila Pura navegaban en las azules y cristalinas aguas del mar. Carlos estaba perdidamente enamorado de Priscila, y se moría de ganas por tomar su delicada y suave mano. En un momento en que no había nadie cerca, se armó de valor y trató de tocar los hermosos dedos de Priscila. Estaba a solo unos centímetros de su mano cuando de pronto...

Keith Geckeler

TIRA LA MEDIA

Forma un apretado nudo con una media o un trapo. Todo el mundo se sienta en un círculo con un jugador en el centro. Este jugador lanza el trapo a alguien y grita una categoría, tales como: refrescos, lavadoras, presidentes, pájaros, teólogos, libros de la Biblia, etc. Entonces, cuenta rápido hasta diez. Si llega a diez antes que la persona haya dado un ejemplo de la categoría (Coca-Cola, Kenmore, Lincoln, golondrina, Spurgeon, Mateo, etc.), entonces ese jugador pasa a ocupar el lugar en el centro del círculo.

La categoría nombrada debe ser un nombre común, mientras que los ejemplos que se dan son usualmente nombres propios. *Richard Bond*

¡DEDOS ARRIBA!

Pídele a todo el grupo que se divida en parejas para jugar *¡Dedos arriba!* Dos personas se paran una frente a la otra, con ambas manos en la espalda. Al contar de tres, ambos mueven sus manos hacia al frente con cierto número de dedos arriba en cada mano. Deben mantener sus manos y dedos justo al frente de sus caras para que la otra persona pueda verlos. Un puño equivale a cero. La primera persona que dé el número total de dedos en las cuatro manos gana el juego. Cada pareja debe buscar las mejores dos puntuaciones en tres intentos. El juego exige pensar rápidamente y es muy divertido. Después que todos hayan jugado tres rondas, y sepan quién es el ganador de dos de ellas, los perdedores se sientan en el piso y todos los ganadores buscan otra pareja entre ellos. Al final de cada juego, se sientan los perdedores y vuelven a formar pareja los ganadores. Las eliminatorias continúan hasta que quede solo una pareja y finalmente un ganador. Dale al ganador un par de guantes, crema de manos y algún otro premio curioso que tenga que ver con los dedos. *Glen G. Davis*

¿CÓMO ES EL TUYO?

Este es un sencillo juego que puedes jugar en cualquier sala y que te hará reír mucho.

Todo el mundo hace un círculo, mientras que un jugador sale del área de juego. Luego, el grupo escoge un sustantivo (como zapato o trabajo). Cuando la persona que salió regrese al salón, debe preguntar: «¿Cómo es el tuyo?» Cada jugador interrogado debe contestar con un adjetivo que describa el sustantivo que escogió el grupo. Luego de cada respuesta, el jugador debe tratar de adivinar cuál es el sustantivo. La última persona en dar un adjetivo antes que el jugador adivine el sustantivo, intercambia de posición con este. *Glenn Tombaugh*

¿A QUÉ TE SUENA?

Este es un juego simple y entretenido. Todo lo que necesitas es una grabadora. Antes de tu reunión, graba los sonidos de veinte cosas comunes; por ejemplo, el interruptor de la luz, el encendido de un carro, el sonido del aerosol de una lata de desodorante, etc. Trata de grabar sonidos con los que la mayoría de las personas estén familiarizados.

Cuando estés listo para jugar, reparte papeles y lápices y pon la grabación, dejando tiempo entre cada sonido para que los muchachos escriban lo que creen que están oyendo. Puedes jugar en equipos dándoles la oportunidad de ponerse de acuerdo en el sonido y preparando solo una lista. Al final, todos oyen otra vez todos los sonidos y revisan las respuestas. Otorga puntos por cada sonido identificado correctamente. *Mike Shields*

PALABRAS CRUZADAS

Este es un buen juego que requiere agilidad mental. Consigue un buen libro de pasatiempos y selecciona un crucigrama con el grado de dificultad apropiado para tu grupo. Reproduce el crucigrama en una cartulina grande o proyéctalo en la pared con un proyector vertical. Divide el grupo en dos o más equipos.

Luego de que leas una pista, el primer equipo que grite la respuesta recibe un punto por cada letra correcta que escriba. El equipo con la respuesta correcta recibe la oportunidad de escoger la pista que se lee a continuación y así sucesivamente. Es una buena idea que un jugador lea las pistas y otro llene los cuadrados con las respuestas correctas y lleve la puntuación. Si un equipo se adelanta demasiado, otorga triple puntuación en las últimas palabras para dar oportunidad de adelantarse a los equipos que están demasiado atrasados. *Dan H. Prout*

PALADAR DE ACERO

Si tienes algunos chicos atrevidos en tu grupo, intenta este juego. Prepara un brebaje usando ingredientes que puedes encontrar en cualquier cocina, y haz una lista detallada de los ingredientes que usas. Necesitas de 15 a 25 ingredientes. Pide algunos voluntarios para ser el chico o la chica con paladar de acero. Si ya los equipos están formados, escoge uno o dos de cada equipo. Quienes sean lo suficientemente valientes para aceptar

el reto, toman turnos probando un vaso del brebaje, que por lo general tiene un horrible color marrón y es muy espeso. El ganador es el jugador que pueda escribir la mayor cantidad correcta de ingredientes en la mezcla. Algunos ingredientes sugeridos:

Catsup	Mostaza	Orégano
Canela	Aderezo de ensalada	Salsa de tacos
Leche	Vinagre	Mayonesa
Sal de ajo	Sal	Sirope de panqueque
Salsa de tártara	Ajo	
Soda	Jugo de naranja	
Pimienta	Salsa picante	

Mantenga la vigilancia sobre la persona que pida comida por segunda vez. *Byron Harvey*

EL NUDO

Este juego presenta la oportunidad de mucho contacto físico y cooperación entre los jugadores.

Haz un círculo usando un número impar de jugadores (entre seis y veinte). Pídeles a todos los jugadores que pongan su mano derecha dentro del círculo y tomen la mano derecha de algún jugador, pero no puede ser de la persona que tienen al lado.

Pídeles ahora que pongan su mano izquierda y tomen la mano izquierda de algún jugador, pero no puede ser de la persona que tienen al lado ni de la persona a quien le tomaron la mano derecha.

Ahora, sin soltarse las manos, deben volver a formar un círculo torciéndose, volteándose, pasando por debajo y pasando por arriba de cada cual. Esto puede hacerse y es muy divertido. Puedes tener a dos equipos haciéndolo al mismo tiempo para ver cuál termina primero. *Murray Wilding*

¿SABES QUÉ LUGAR ES ESTE?

¿Qué tan bien los muchachos conocen sus ciudades, su iglesia o sus escuelas? Tienen ojos, pero... ¿pueden ver? Usa un rollo de cámara para tomar fotos de lugares que los chicos y chicas ven todos los días, pero tómalas desde perspectivas un tanto diferentes. Por ejemplo, toma una fotografía desde el interior de una pizzería local, mirando hacia fuera. Busca algunos lugares un poco oscuros. Toma algunas fotos que sean fáciles de identificar. Coloca todas las fotos en una mesa y enuméralas. Entrégale una hoja de papel a cada jugador y déjalos que traten de adivinar de dónde es cada foto y desde dónde la tomaste. Entrégale un regalo al ganador y ten a la mano una cámara de fotos instantáneas para retratar al ganador con su regalo y al grupo. *Brad Davis*

CRISIS DE IDENTIDAD

Aunque puedes jugar este juego en cualquier momento, es especialmente apropiado al final de una actividad en la que haya comida.

Varias horas antes de la actividad, coloca media docena de frutas y vegetales diferentes (bananas, toronjas, naranjas, berenjenas, etc.) en un procesador de alimentos, mézclalos y déjalos allí hasta el final de la fiesta. Luego, sirve la extraña mezcla a los representantes de cada equipo, pídeles que la prueben y adivinen cuáles son los ingredientes que usaste. *Mark Ziehr*

CUESTIONARIO PERSONAL

Para ayudar a que tu grupo se conozca mejor, trata esta versión del popular juego de preguntas y respuestas (*trivia*). Distribuye un cuestionario entre los muchachos con preguntas sobre ellos mismos que deben responder. Prepara las preguntas de modo que correspondan a las categorías del juego que planifiques usar. Por ejemplo, para «Entretenimiento», puedes preguntarles cuál es su programa de televisión favorito; para «Historia», pregúntales cuándo y dónde nacieron. Incluye también preguntas sobre temas variados, por ejemplo: «¿Cuál ha sido el momento más vergonzoso de tu vida?»

Luego, prepara tarjetas para el juego donde combines la preguntas «oficiales» y preguntas sobre miembros del grupo, tales como: «¿Quién nació en Caracas, Venezuela?», «¿Quién considera *Viaje a las Estrellas* su película preferida?

Usa las reglas normales para este tipo de juego y prepárate para algunas revelaciones «triviales» sobre tu grupo. *Bob Machovec*

PONLE LA CORBATA AL PASTOR

Si tienes acceso a un lugar donde puedan ampliar fotos a un tamaño natural, pídeles que te amplíen una foto de tu pastor (de los hombros para arriba). Prepara, con ayuda de los muchachos, varias corbatas en distintos colores y diseños. Coloca la foto ampliada en una pared, véndale los ojos a los jugadores, según les toque su turno, y pídeles que le peguen la corbata al pastor. ¡La van a pasar de lo lindo! (¡especialmente si el pastor está mirando!). *Gary McCluskey*

¡QUÉ PASA AQUÍ!

Este juego de intriga y engaño se juega mejor con grupos pequeños, de seis a doce jugadores son suficientes. Todo lo que necesitas es una mesa larga, sillas para todos los jugadores y una moneda. Divide el grupo en dos equipos; los equipos se sientan en los lados opuestos de la mesa. Cada equipo debe elegir a un capitán.

El juego comienza con un equipo pasando secretamente la moneda entre sus jugadores por debajo de la mesa. Cuando el capitán del equipo contrario dice: «¡Qué pasa aquí!», todos los jugadores del equipo que está pasando la moneda, cierran los puños, suben sus brazos y colocan sus codos sobre la mesa. Si lo hacen bien, el otro equipo no será capaz de oír la moneda.

El objetivo es que el equipo que está tratando de adivinar elimine todas las manos vacías, dejando para el final la mano que tiene la moneda. De esta manera, el capitán del equipo contrario va seleccionando a diferentes jugadores para que levanten la mano, una a la vez. El equipo con la moneda solo puede responder a las indicaciones del capitán; levantar la mano en respuesta a la orden de otro jugador implica la confiscación de la moneda. Una de las metas del equipo contrario, sin embargo, es persuadir a los jugadores a que levanten la mano en respuesta a la orden de otra persona que no sea su capitán. Si el capitán del equipo contrario logra levantar todas las manos, excepto la que tenga la moneda, su equipo gana y toma posesión de la moneda. Si el capitán descubre la moneda antes de tiempo, el equipo que está pasando la moneda se queda con ella y comienza una nueva ronda.

Una vez que los muchachos le «toman el gusto» al juego, desarrollarán todo tipo de estrategias sobre cómo hacer que una mano parezca «culpable» aunque no tenga la moneda, etc. *Dave Sherwood*

PLBRS

La imaginación, el vocabulario y el trabajo en equipo trabajarán de la mano con este juego. Entrégale a cada equipo una lista de diferentes combinaciones de letras, por ejemplo: PRM, MTR y EPL. Cada equipo debe intentar formar palabras con esas consonantes y mantenerlas en el mismo orden. Con PRM, el equipo puede formar PReMio; con MTR, MaTRimonio; con EPL, EsPejueLos. El equipo que logre formar la palabra más larga gana la ronda. Por ejemplo: PatRiMonio le gana a PeRMiso.

El equipo que gane más rondas es el ganador del juego. Si quieres añadirle variedad, pide que las palabras sean nombres propios, palabras en otro idioma o palabras relacionadas a la Biblia, etc. *Tim Gerarden*

DIBUJO A OSCURAS

En un cuarto bien oscuro o con los ojos cerrados y bien apretados, los participantes deben tomar un lápiz y dibujar la escena que les describas.

Entrégale a cada jugador un papel y un lápiz. La idea es que los hagas dibujar solo partes de toda la escena en la oscuridad, de modo que únicamente puedan adivinar cuál es la posición correcta para colocar los objetos.

Luego, enciende la luz, y pídeles que dibujen, digamos, una casa en el centro del papel. Despúes, un muñeco de nieve a la derecha. Que añadan una chimenea en el techo de la casa y un buzón al lado de la puerta. Ahora deben dibujar un niño al lado del muñeco de nieve y ponerle una bufanda en el cuello al niño. No deben olvidarse del humo saliendo de la chimenea y de dibujar un perro al lado del árbol. Como detalles finales, deben añadir una cortinas para la ventana, un sombrero en el muñeco de nieve, un nido en el árbol, una bandera en el buzón y otras cosas más.

Exhibe las obras de arte al final del juego. *Lyn Wargny*

ESCONDIDO A SIMPLE VISTA

En un salón un tanto desordenado y con muchas cosas en él, esconde cerca de veinte artículos pequeños donde puedan verse sin tener que abrir gavetas o mover otros objetos. Un cordón de zapato puede estar enrollado en la pata de una silla, un billete de un dólar puede estar doblado y pegado en el lomo de un libro, un bolígrafo puede colocarse arriba del marco de una puerta y que solo se vea uno de los extremos, un botón puede estar pegado en la perilla de la puerta. Escribe y fotocopia una lista de las cosas que escondiste —un bolígrafo, un botón, un billete de un dólar, un fósforo, etc.— y luego coloca un duplicado de cada artículo escondido en una bandeja al lado de las listas.

Cuando los chicos estén listos para jugar, dale a cada uno la lista de los artículos escondidos y deja a la vista la bandeja con los artículos duplicados para que puedan comparar. Establece un tiempo límite para que los jugadores busquen y encuentren todos los objetos de la lista. El ganador es el jugador que encuentre la mayor cantidad de artículos en el tiempo límite asignado. *Lyn Wargny*

LOCURA DE PELÍCULAS

Reparte una tarjeta 3x5 a cada muchacho y muchacha en el grupo, y pídeles que escriban en ella el nombre de una película, programa de televisión o comercial.

Los jugadores no deben ver lo que escriben sus compañeros. Recoge las tarjetas.

Ahora divide el grupo en equipos de cuatro a cinco jugadores (también puedes incluir a los adultos presentes) y pídeles que saquen una tarjeta del paquete que tienes en la mano. Luego los equipos toman de tres a cinco minutos para planificar una escena de la película, el programa de televisión o el comercial que escogieron. Después de reunir otra vez a todos los grupos, pídele a cada uno que haga su presentación. Los otros equipos deben adivinar de qué película, programa o comercial se trata, solo cuando el equipo de turno termine su presentación.

Para añadir más diversión, grábalo la noche en video, edítalo y luego muéstralo en tu próxima noche de ver películas. *David Smith*

¡A BUSCAR LA FOTO!

Usa una cámara fotográfica de 35mm (o a un fotógrafo en el grupo con la cámara), y luego da un paseo por la iglesia y toma fotos —desde ángulos poco usuales— de objetos familiares y otros no tan familiares. Los acercamientos y los lentes de ángulo abarcador son muy útiles. ¿Cuánta gente sabe como se ve la parte de atrás del púlpito? ¿Y el armario de artículos de limpieza?

Cuando hayas revelado las fotos, enuméralas y colócalas en una mesa. Luego entrégale a cada chico o chica una copia simplificada del plano de la iglesia. Pídeles que descifren dónde fue tomada la foto y después escriban el número de la foto en el área correspondiente del plano. Gana el estudiante que encuentre la mayor cantidad de lugares correctos.

Ten cuidado pues algunos objetos comunes pueden ser los más difíciles de identificar (¿Qué tal ese letrero de salida con una mancha de pintura amarilla en la parte de abajo?) Además, puedes añadir una entretenida dificultad al juego si las fotos son en blanco y negro en vez de color. *Howard B. Chapman*

PROGRAMAS DE TELEVISIÓN

¿Así que tus muchachos alardean de conocer los programas de televisión? Rétalos con este juego. Crea una lista de cuarenta a cincuenta programas de televisión que estén pasando en estos momentos. Luego, dales cinco minutos para adivinar la noche de la semana en que cada programa está en el aire. Asegúrate de actualizar los programas cada temporada. *David Smith*

CEROS, CRUCES, DARDOS Y GLOBOS

En un tablero grande, pega tiras de cinta adhesiva para formar un enorme diagrama del que necesitas para jugar ceros (0) y cruces (X) (*tic-tac-toe*). Debes tener nueve cuadrados de 45 cm (18 pulgadas) cada uno. Pega con cinta adhesiva de tres a cuatro globos inflados en cada uno de los nueve cuadros.

Divide el grupo en dos equipos. Un jugador del primer equipo tira un dardo, tratando de reventar un globo. Si lo logra, la persona de su equipo que le siga en la fila hace su intento de reventar otro; si no lo logra, el otro equipo envía a un jugador para que lo intente. Esta es la meta: el equipo que reviente el último globo en el cuadro, reclama ese cuadro con un cero (0) o una cruz (X).

También puedes crear una versión sin dardos. Pega las

tiras de cinta adhesiva en el piso para formar el diagrama del juego, coloca los globos en los cuadros y deja caer lápices con puntas afiladas para reventarlas.
Michael W. Capps

¿A QUÉ TE DEDICAS?

En este juego los participantes escogen una de varias tarjetas que describen un oficio o una profesión, y contestan preguntas de sí o no del resto del grupo.

Divide el grupo en tres equipos iguales. Cada equipo debe enviar a uno de sus jugadores al frente, quienes elegirán una tarjeta en la que aparece el nombre de un oficio o profesión. Cada jugador debe tomar un turno. El líder debe establecer un orden y un límite de preguntas por cada turno. El resto del grupo debe hacerle al jugador correspondiente preguntas que se contesten con sí o no.

El jugador siempre debe contestar con la verdad. El equipo que logre adivinar primero de qué profesión se trata, gana un punto. Si el equipo que adivina es el del jugador de turno, entonces recibe dos puntos.

Cuando estés escribiendo las tarjetas de las profesiones piensa el algunas que sean comunes y otras un tanto difíciles. He aquí algunas sugerencias: agente secreto, guardacostas, instalador de alfombras, jardinero, peluquera, caricaturista, reparador de máquinas de refrescos, entrenador de fútbol, etc. Es una buena idea que incluyas en la tarjeta algunas características de la profesión para que el jugador pueda contestar con más seguridad (¡pues sabe a qué se dedica!). De todas maneras, te encontrarás con algunos jugadores que no tienen idea que es lo que hace un deshollinador, por ejemplo, así que debes estar listo para ayudarlos con las respuestas.

ROTACIÓN DE JUEGOS DE MESA

Esta es una buena manera de tener una noche de juegos de mesa que no resulte aburrida. Coloca mesas en forma de círculo y pon un juego de mesa para dos personas en cada una de ellas.

Coloca sillas en dos de los lados de las mesas, con la mitad de las sillas en la parte de afuera del círculo, mirando hacia adentro; y la otra mitad en la parte de adentro, mirando hacia fuera.

Todo el mundo debe tomar una silla y comenzar a jugar. Luego de cinco minutos, suena un silbato y pídeles que se muevan una silla hacia la derecha, de modo que cada persona esté en un juego diferente con un oponente diferente. Los juegos, sin embargo, no deben volver a comenzar. El nuevo jugador sigue las jugadas justo donde las dejó el jugador anterior. Así que un jugador puede moverse de un juego de damas que estaba ganando a

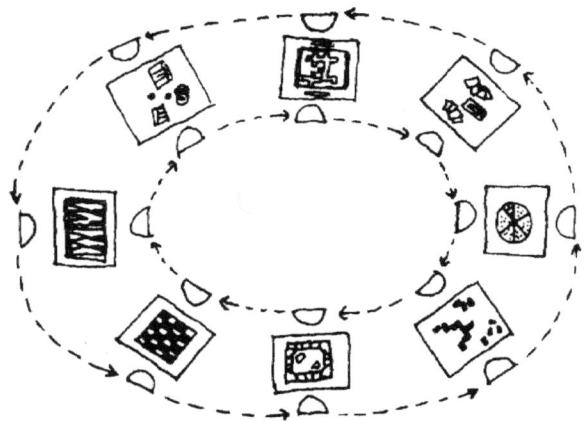

un *Yahtzee* que está perdiendo. Cada juego vale cierta cantidad de puntos predeterminados y ese «equipo» (la parte de adentro o la parte de afuera del círculo) recibe crédito por el juego y se comienzan otra vez.

Obviamente, esto resulta en una interesante mezcla de jugadores pues todo el mundo termina jugando casi contra todos los jugadores. Usa juegos que todos conozcan o que sean lo suficientemente sencillos como para que puedas explicarlos sin tomar mucho tiempo.

Brent Baker y John McJilton

NOMBRE EN TU ESPALDA

Este es un buen juego para lograr que todo el mundo se conozca. Prende un nombre en la espalda de cada jugador (pueden ser apodos, segundos nombres o el nombre real, en caso de que el grupo no se conozca). A la señal, cada persona comienza a copiar los nombres de las espaldas de los otros muchachos y muchachas, mientras al mismo tiempo trata de evitar que otro copie el nombre de su espalda. Esto resulta en muchas vueltas, giros, saltos, en fin, cualquier movimiento para evitar que alguien pueda leer el nombre en tu espalda. Cuando termine el tiempo, el jugador con la lista más larga —y más completa— es el ganador. Pídele al ganador que identifique a la persona con ese nombre para que así pueda reclamar su premio.

K. David Oldfield

¿QUIÉN SOY?

Escribe en diferentes hojas de papel los nombres de personas famosas y prende una en la espalda de cada persona, sin dejarle ver cuál es el nombre que le estás poniendo. Cada persona debe hacer preguntas del tipo sí o no a otros participantes que le ayuden a adivinar quién es él o ella. La primera persona que adivine correctamente es la ganadora; la última, es la perdedora.

Linda Wasson

ESPÍA OCULAR

Entrégale a cada jugador cuatro pedazos de papel en blanco. Pídeles que escriban la palabra *azul* en el primer papel, *verde* en el segundo, *marrón* en el tercero y *gris* en el cuarto. Los chicos deben clasificar a los jugadores según su color de ojos. El primer jugador que los clasifique a todos correctamente es el ganador. Tal vez no sea mala idea añadir un papel adicional que diga *otros* para que aquellos que usan lentes de contacto en distintos colores. *Jerry Summers*

DADOS Y NÚMEROS... ¡A TODA VELOCIDAD!

Reúne a un grupo pequeño alrededor de una mesa, y coloca un dado y un lápiz en el centro. Entrega un papel a cada jugador. Elige a un jugador para que comience y ya estás listo. El primer jugador tira el dado, luego lo pasa al jugador de su derecha y este, a su vez, tira el dado otra vez antes de pasarlo al siguiente participante.

Cuando un jugador obtenga un seis en el dado, toma el lápiz y comienza a escribir números del uno al cien: 1, 2, 3, 4, 5, y así sucesivamente. Mientras tanto, el dado se va pasando de jugador en jugador como antes, y cada uno trata de sacar un seis. La meta del jugador que está escribiendo es llegar a 100 antes de que otro saque un seis, le quite el lápiz y comience a escribir números a toda carrera. La velocidad, por supuesto, es la esencia tanto al escribir como al tirar el dado. La intensidad se va acumulando mientras los jugadores se acercan a 100 antes de que alguien le arrebate el lápiz. El primer jugador en llegar a 100 es el ganador.

Grant Sawatzky

ADIVINA MIS PREFERENCIAS... ¡EN EL PRIMER INTENTO!

¿Qué tan bien se conocen realmente tus jóvenes? Reparte una copia de la página 103 (y un lápiz) a cada joven en tu grupo y ¡descúbrelo! *Mark Skorheim*

¿QUIÉN ES?

Antes de jugar este juego, ten listas de 200 a 300 tiras pequeñas de papel. Cuando llegue el grupo, pídeles que escriban el nombre de una persona. Puede ser el nombre de otra persona del grupo, nombres de celebridades, personas muertas o vivas, personajes de las tiras cómicas, etc. El único requisito es que el nombre sea conocido por la mayoría del grupo. No te preocupes si los nombres se repiten, eso hace que el juego sea más divertido. Luego echa todos los nombres en una caja.

Ahora divide el grupo en dos equipos. Un jugador del Equipo A mete la mano en la caja, saca un nombre y tiene treinta segundos para dar pistas a su equipo de manera que estos adivinen de quién se trata. Se permite cualquier pista verbal y hasta señalar algo o a alguien es aceptado. Si el equipo adivina en los treinta segundos, guarda esa tira de papel para luego determinar la pun-

Adivina mis preferencias... ¡En el primer intento!

Instrucciones: Primero, haz una marca de cotejo a la izquierda de lo que prefieras en cada categoría. Luego, camina por el salón y adivina las preferencias de los otros jugadores. Si adivinas correctamente en el primer intento, él o ella deben escribir sus iniciales a la derecha de la categoría en tu hoja. No se aceptan más de dos iniciales de la misma persona.

1. Música favorita _____
_____ Ranchera
_____ Clásica
_____ Rock
_____ Salsa y merengue

2. Comida favorita _____
_____ Mexicana
_____ Americana (carne y papas)
_____ China
_____ Italiana

3. Carro favorito _____
_____ De lujo
_____ Deportivo
_____ Todo terreno
_____ Camioneta

4. Películas favoritas _____
_____ Acción
_____ Comedia
_____ Misterio
_____ Ciencia ficción

5. Vacaciones favoritas _____
_____ Playa
_____ Montañas
_____ Viajar en avión o barco
_____ Viajes largos en carro

6. Dulce favorito _____
_____ Pastel
_____ Chocolate
_____ Mantecado
_____ Dulces típicos de mi país

7. Animal favorito _____
_____ Perro
_____ Gato
_____ Ave
_____ Pez

8. Programa de TV favorito _____
_____ Noticias o programas de noticias
_____ Comedias
_____ Dramas
_____ Novelas

9. Material de lectura favorito _____
_____ Revistas
_____ Libros de ficción
_____ Periódicos
_____ Libros verídicos

10. Deporte favorito _____
_____ Fútbol
_____ Básquetbol
_____ Natación
_____ Béisbol

11. Color favorito _____
_____ Oscuros (negro, marrón)
_____ Claros (blanco, café claro)
_____ Pasteles (amarillo, rosado, azul cielo)
_____ Brillantes (rojo, azul)

12. Estación favorita _____
_____ Invierno
_____ Primavera
_____ Otoño
_____ Verano

13. Momento del día favorito _____
_____ Temprano en la mañana
_____ Tarde
_____ Al anochecer
_____ Tarde en la noche

tuación final. Si el grupo no logra adivinar el nombre, se devuelve la tira a la caja. Luego, sigue el Equipo B y repite lo mismo. Asegúrate que el jugador que saca el papel rote en cada turno.

Al final del tiempo asignado, cada equipo cuenta los nombres que adivinaron y el que tenga más, es el ganador. *Pete Kenow*

¡A LA CAZA DE HIMNOS!

Esta actividad te puede servir de introducción para un estudio bíblico o cualquier tipo de discusión sobre un tema. El objetivo de *Caza de himnos* es encontrar la mayor cantidad de himnos relacionados con cierto tópico en un tiempo asignado.

Divide el grupo en tres equipos iguales. Entrégales los siguientes materiales: varias hojas de papel, lápices y algunos himnarios. De la manera más rápida que puedan, los muchachos tienen que buscar en los himnarios todas las canciones posibles relacionadas a tu tópico. Si el tema es amor, los jóvenes tienen que encontrar himnos que hablen de amor o tengan la palabra amor en el título o alguno de sus versos.

Al explicar las reglas, no olvides mencionar:

• Pueden buscar en cualquier parte del himnario.

• Deben escribir el título y la página de los himnos que elijan.

• Dependiendo del tamaño del grupo, algunos pueden escribir mientras los demás buscan los himnos.

• El límite de tiempo para la búsqueda es de tres minutos.

• La puntuación se otorgará de la siguiente manera:

Si *amor* es la primera palabra en el título: *1 punto*

Si *amor* es la última palabra en el título: *2 puntos*

Si *amor* es parte del título, pero no es ni la primera ni la última palabra: *3 puntos*

Si se habla de *amor* pero no se usa específicamente: *3 puntos*

Si *amor* aparece en uno de los versos, pero no en el título: *5 puntos*

• El equipo con más puntos será el ganador.

• *Opcional:* Para añadir dificultad, los equipos deben eliminar de sus listas los himnos que otros grupos hayan mencionado.

Otorga suficiente tiempo para que los grupos puedan preparar una sola lista por equipo. Discute los hallazgos de los grupos y las puntuaciones finales. Quizás puedas proveer otros recursos dónde los muchachos puedan buscar, tales como: revistas, hojas de música, casetes de música, etc.

DOBLE MENSAJE

Este es un juego que no conlleva ninguna actividad atlética por lo que ofrecerá una magnífica oportunidad para destacarse a tus chicos más tranquilos y callados.

El juego: Divide el grupo en varios equipos. El objetivo del juego es tomar una oración corta y sencilla, y reescribirla hasta formar una lo más larga y elaborada posible. Por ejemplo, un grupo de intermedios cambió la oración «Mira, el perro corre» y la transformó en la longaniza: «Observa con cuidado como el amigable y domesticado canino, Lobo, usa su aparato locomotor para lograr una aceleración que lo lleve rápidamente de un sitio a otro.» Lee una oración en voz alta y dale un tiempo límite para trabajar en la «traducción», luego pídele a cada grupo que lea su oración al resto del grupo. De seguro te sorprenderás con los resultados y serán divertidísimos. El equipo con la oración más larga es el ganador.

Una variación es dar a los grupos diferentes oraciones cortas. Cada equipo la convierte en una oración larga. Un jugador lee la versión larga al grupo y los otros equipos tratan de adivinar cuál era la versión corta.

La discusión: ¿Cómo nuestras mentes interfieren a veces para que entendamos lo que Dios tiene que decirnos? Estamos en el tiempo de la computadora y la Internet, sin embargo, ¿podemos decir que más es siempre mejor? Concluye con Proverbios 3:5: «Confía en el Señor de todo corazón, y no en tu propia inteligencia.» ¿Podemos pedirle a Dios que nos clarifique las cosas? ¿Cómo podemos hacer esto? *John Young*

VARIACIONES DEL

TENIS DE MESA

(PING-PONG)

Libros como raquetas, *bean bags*[1] como bolas y recipientes con agua sobre la mesa son solo algunas de las variaciones que hemos inventado para añadir un toque diferente a este querido juego familiar. Además de estas y otras nuevas versiones curiosas del tradicional tenis de mesa, encontrarás algunas ideas para usar las bolitas de ping-pong en otros deportes como el béisbol, el básquetbol y, sí, hasta en el fútbol.

ALFABETO-PONG

Para este juego el grupo se acomoda en forma de círculo. Cada persona sostiene un libro con ambas manos. Un jugador toma una bola de ping-pong y le pega con un libro hacia el otro lado del círculo, mientras dice: «A». La persona en el otro lado la devuelve hacia otro jugador, mientras dice: «B», y así sucesivamente. Los jugadores en el círculo trabajan en equipo para ver qué tan lejos pueden llegar en el alfabeto antes que se les caiga la bola. No hay un orden particular para pegarle a la bola. Cualquiera puede pegarle si llega hasta él o ella, pero nadie puede pegarle dos veces seguidas.

Para jugarlo en equipos, deja que el primer equipo lo trate y luego el otro, para ver qué tan lejos pueden llegar en el alfabeto antes que la bola dé en el piso. ¡Es tremendo reto! *Earnie Lidell*

SÚPER MESA DE PING-PONG

Si alguna vez has sentido que la mesa de ping-pong es muy pequeña para tu estilo de jugar, entonces este juego es para ti. Junta dos mesas de ping-pong y coloca la malla lo más cerca al medio que puedas. Juega con las reglas normales aunque sin duda puedes ajustar algunas de ellas; por ejemplo: más de un golpe a cada lado de la malla, equipos de cuatro más, etc. Los resultados son tan divertidos de mirar como de jugar.

Kevin Turner y el equipo trabajo del Campamento McCullough

BEAN BAG «A LA PING»

Un grupo de estudiantes que llegó temprano a clases inventó este juego para pasar el tiempo en lo que los otros alumnos terminaban un ejercicio de discusión en la clase anterior.

El grupo forma un círculo. Cada jugador tiene una raqueta de ping-pong para arrojar y atrapar un *bean bag* pequeño. Puedes tirarle el *bean bag* a cualquier persona, cada jugador juega de forma individual. Si el jugador no alcanza el *bean bag* queda eliminado del juego. Si mediante consenso, el grupo determina que no había manera de atrapar el *bean bag*, el jugador que lo lanzó se elimina del juego. La clave está en tirar la bolsita de una manera que sea difícil de atrapar, pero que todavía un jugador agresivo sea capaz de llegar a ella.

[1] Saquito o bolsita de tela u otro material resistente relleno con frijoles o habichuelas secas que se usa para jugar. (Nota de la traductora)

Cuando solo quede un jugador en el círculo, todo el mundo se vuelve a formar en círculo y comienza la segunda ronda. *Doug Partin*

BILLAR «A LA PING-PONG»

Para una hora de absoluta diversión, trata esta versión que combina el tenis de mesa con el juego de billar. Primero, toma prestada una de esas mesas plegables que se usan con frecuencia en el comedor o el salón de actividades de las iglesias (la necesitas de 1.8 m (6 pies)). Luego, para formar tu mesa de billar, pega un vaso de *styrofoam* en cada una de las cuatro esquinas y una en el medio de cada lado (ver el diagrama).

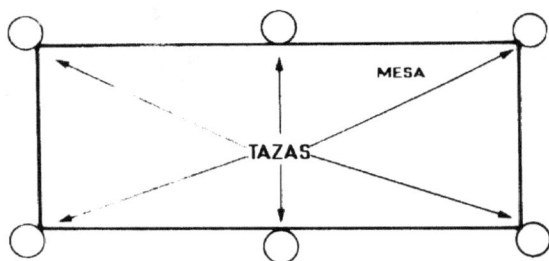

Remueve el fondo de cada vaso y sustitúyelo con una bolsa pequeña. Tal vez sea necesario que cortes alguna porción de la parte de arriba del vaso para que se ajuste mejor al borde de la mesa.

Después forma dos equipos de seis estudiantes cada uno y acomódalos: arrodíllalos con sus brazos doblados a lo largo del borde de la mesa y con sus quijadas descansando sobre sus brazos doblados. Coloca en la mesa doce bolitas de ping-pong; seis blancas para un equipo y seis rojas para el otro. (Usa un marcador rojo de tinta permanente para pintarlas, de modo que no pierdan el color mientras estén jugando.) Cuando suenes el silbato cada equipo sopla las bolitas y trata de encestarlas en los bolsillos de la mesa. Los brazos de los jugadores mantendrán las bolitas en la mesa. Algunos ayudantes pueden regresar las bolitas a la mesa en caso de que hayan pasado por encima de las barricadas de brazos.

Los jugadores deben ser cuidadosos pues solo se permiten dos bolitas en cada vaso. Un árbitro debe asegurarse que se cumpla esta regla en el transcurso del juego. El equipo que logre meter en sus vasos todas sus bolitas es el ganador.

He aquí algunas variaciones:

• **Ping-pong con obstáculos:** Coloca latas de refrescos (gaseosas) sin abrir y frías, en la mesa de juego (ver diagrama).

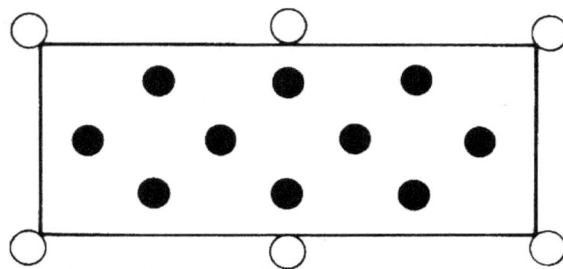

Los jugadores deben soplar las bolitas a través de ellas hasta encestarlas en sus bolsillos. ¡El equipo ganador se toma los refrescos!

• **Relevo con ping-pong:** Solo un miembro de cada uno de los dos equipos compite a la vez. Cuando esa persona logre encestar la bolita en el vaso, entonces toca al siguiente jugador de su equipo (que están esperando sus turnos sentados a cierta distancia de la mesa), y entonces este entra a representar a su equipo en la mesa. Este juego termina cuando un equipo haya logrado meter todas sus seis bolitas, una por persona.

• **Desafío del ping-pong:** Billar «a la ping-pong» regular, excepto que solo se permite una bolita de cada color en cada vaso.

BOLITA DE PING-PONG EN EL VASO

Este es un divertido juego para los que juegan y para los espectadores. Lo único que necesitas son algunas bolitas de ping-pong y varios vasos plásticos. El juego funciona mejor en un salón grande con piso de cemento o losetas (las bolitas rebotan mucho mejor).

Divide el grupo en parejas y pídeles que se paren a una distancia aproximada de 6 metros (20 pies). Uno de los jugadores es el lanzador, el otro trata de atrapar la bolita con el vaso plástico. El receptor (*catcher*) no puede usar sus manos y debe atrapar la bolita antes que deje de rebotar, lo que requiere algo de paciencia. Puedes otorgar los puntos de acuerdo a la cantidad de rebotes antes de que atrapen la bolita. *Glenn G. Davis*

BÉISBOL «A LA PING-PONG»

Este es un juego muy divertido que puedes hacer bajo techo si tienes un área de juego amplia. Todo lo que necesitas son pelotitas de ping-pong y una raqueta de ping-pong que te sirva como bate. Aplican todas las normas de béisbol. Si la bola da en el techo, todavía está en juego, pero las paredes son áreas de falta. Es un excelente juego para días lluviosos o para cualquier día en el que quieras pasar un buen rato jugando bajo techo. *Keith Robinson*

BALONCESTO «A LA PING-PONG»

Los participantes deben rebotar las bolitas de ping-pong (una a la vez, pero sin ningún otro límite), y encestarlas en recipientes de distintos tamaños. Varía la cantidad de puntos según la dificultad. Mientras más pequeño sea el recipiente, más puntos recibe el equipo. *Glen Richardson*

PING-PONG SOPLAO'

Los jugadores se dispersan uniformemente alrededor de una sábana que está en el suelo, la levantan por el borde, la estiran (y la mantienen nivelada), luego intentan soplar una bolita de ping-pong hasta que se caiga de la sábana. Los jugadores entre los que se caiga la bolita se eliminan del juego, y el círculo de jugadores se va reduciendo paulatinamente.

En lugar de una bolita de ping-pong puedes usar un globo inflado con una canica adentro. Como el globo no es una esfera perfecta es menos predecible determinar hacia dónde rodará. *David Washburn*

TIRA Y TÁPATE «A LA PING-PONG»

Coloca una franja de cinta de adhesiva que divida el salón. La mitad del grupo se acomoda a un lado, y la otra mitad al otro. Entrégale una caja de pelotitas de ping-pong a cada equipo (10 o 20 por equipo para un grupo de 40 jóvenes).

A la señal, comienzan a tirar las pelotitas al oponente. Una pegada directa elimina al jugador, pero si la bolita le pega luego de haber rebotado en el piso, no cuenta. El juego continúa hasta que se eliminan los miembros de un equipo. Mezcla los equipos y juega otra vez.

Jim Ramos

PING-PONG Y HULA-HULA

Llegó el momento de probar la coordinación y la cooperación de los muchachos en este juego que combina el tenis de mesa con aros de hula-hula. Forma parejas de un chico y una chica y acomódalos a cada extremo de la mesa de ping-pong. Cada jugador necesita una raqueta, y cada pareja, un aro de hula-hula.

El objetivo es jugar un partido de dobles de ping-pong en el que los compañeros de juego están restringidos dentro de un aro de hula-hula. Las parejas deben moverse juntas y evitar que el aro toque el piso. El juego debe ser corto, tal vez solo hasta once puntos.

Inventa cualquier regla que se ajuste a tu situación y a tus muchachos. Por ejemplo, una regla puede ser que los jugadores usen su mano libre para evitar que el aro se caiga, o mantenerlo en su sitio sin usar las manos, solo moviéndose de un lado a otro... tú decides. *Michael Capps*

POLO «A LA PING-PONG»

Para este divertido juego bajo techo, pídeles a los jugadores que hagan sus versiones de palos de polo usando periódicos y cinta adhesiva de empacar. Para hacerlo, deben enrollar juntas y a lo largo varias hojas de papel de periódico y luego pegarlas.

El objetivo del juego es que los equipos lleven la bolita de ping-pong con el palo de polo hacia el área de gol de su equipo. Una buena manera de crear los goles es acostar dos mesas de un lado (una mesa por gol), con el lado superior de la mesa hacia el lado de juego. Cuando la bolita le pega a la superficie de la mesa, hará un sonido distintivo y esto indicará la anotación de un gol. Cada equipo necesita un goleador para proteger su gol. El goleador puede usar cualquier parte de su cuerpo para proteger el gol.

Para hacerlo que el juego se parezca más al juego real de polo, pídeles que corran encima de escobas de palo mientras juegan. Es una buena idea tener algunas pelotitas de ping-pong adicionales. *Cindy Fairchild*

FÚTBOL «A LA PING-PONG»

De seis a dieciséis jugadores pueden disfrutar de esta versión de fútbol bajo techo. Las reglas son las mismas que el fútbol regular, excepto que se juega con una bolita de ping-pong, no hay límites y los goles deben hacerse mucho más pequeños.

Aunque el tamaño del campo de juego es pequeño, el juego se parece muchísimo al fútbol pues una bolita de ping-pong a la que se le pegue bien viaja solo de 4 a 6 metros (15 a 20 pies). Debes tener bastantes pelotitas disponibles, pues se aplastan con facilidad. Penaliza al equipo que aplaste la bolita otorgando al equipo contrario una patada libre en su gol. *Elliot Cooke*

PONG-DEROSO

Primero, asegúrate que no quede nada que pueda romperse en el salón. Monta la mesa de ping-pong y coloca en ella por lo menos cuatro raquetas. Comienza el juego, dos jugadores (hasta seis son permitidos) por cada equipo. Los servicios y la puntuación siguen las reglas regulares del ping-pong. Ni los jugadores ni sus raquetas pueden cruzar la malla.

Ahora, añade el poder. Como en voleibol, se le permite a cada lado pegarle a la bola hasta tres veces antes de pasarla por encima de la malla. Un jugador no puede pegarle a la bola dos veces seguidas. Las paredes, el techo y otros objetos en el salón son parte del juego. La bola se detiene cuando toca el piso y el punto es para el equipo contrario.

Como en voleibol, la clave es el trabajo en equipo para así lograr juegos certeros y demoledoras devoluciones de la bolita. *Mick Hernandez*

REGATA «A LA PING-PONG»

Consigue algunas llantas de autos inservibles, córtalas por la mitad —formando dos circunferencias huecas— ¡y listo! Ya tienes tu versión de *Regata «a la ping-pong»*. Cada equipo recibe su mitad de llanta llena de agua, con la línea de partida debidamente marcada con tiza. Cada jugador debe tomar turnos para soplar la bolita de ping-pong hasta que dé una vuelta completa alrededor de la ruta de agua. El ganador es el primer equipo que logre que todos sus miembros le den la vuelta a la llanta con su pelotita.

Variaciones: Usa arena en lugar de agua, venda los ojos de los jugadores de modo que dependan de sus compañeros de equipo para las direcciones o ¡inventa tus propios juegos! *Michael W. Capps*

TENIS DE MESA EN SERIE

Acomoda a diez jugadores alrededor de una mesa de ping-pong: uno en cada esquina y el resto a los lados. La primera persona sirve la bola por encima de la malla a la persona en el otro lado, exactamente como se juega en el tenis de mesa, pero luego de servirla, coloca la raqueta en la mesa (con el mango que sobresalga de la mesa) y se pone en fila hacia su lado izquierdo. El próximo jugador en la fila (a la derecha del que sirve),

toma la raqueta y espera para devolver la bola. La fila sigue rotando alrededor de la mesa en dirección a las manecillas del reloj, con cada persona pegándole a la bolita desde cualquiera sea el lugar donde se encuentre. Si a un jugador se le cae la raqueta, pierde la bola o saca la bola fuera de la mesa, se elimina del juego. Cuando solo queden dos jugadores, deben pegarle a la bola, poner la raqueta en la mesa, dar una vuelta y luego recoger la raqueta otra vez y pegarle a la bola. Puedes variar esta idea jugando en una cancha de tenis o voleibol con una bola de tenis y raquetas viejas. El último jugador en la mesa es el ganador. *Nick Wagner*

PUNTERÍA EN LA MESA DE PING-PONG

Coloca dos carretes de hilo de coser, una a cada lado de la malla, en la línea central de la mesa, dejando cerca de 45 cm (18 pulgadas) de los extremos de la mesa. Coloca dos bolitas de ping-pong adicionales sobre cada carrete. Juega ping-pong de la forma regular, pero añade cinco puntos si puedes tumbar la bolita del carrete del oponente. Por todo lo demás, la puntuación se anota de la manera usual.

VOLI-PONG

Un salón pequeño con techo alto es perfecto para este juego (aunque puedes usar cualquier salón).

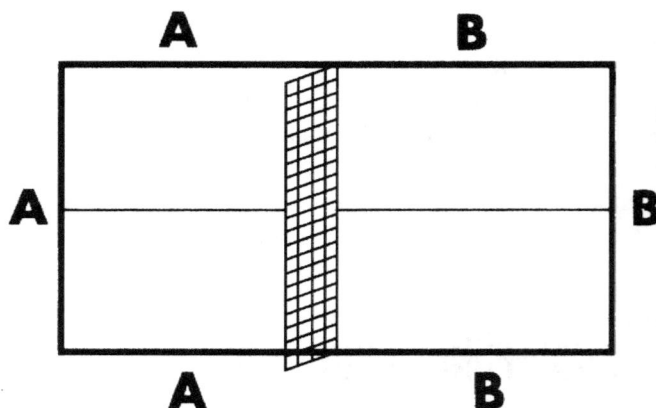

Coloca una mesa de ping-pong en el centro del salón y tres jugadores a cada lado. Juega y anota según las reglas del voleibol.

• Cuando se recibe un servicio los jugadores no tratan de pasar la bola sobre la malla inmediatamente, sino que tratan de acomodarla para sus compañeros de equipo.

• Tres pegadas por lado.

• Se permiten los remates.

• La bola está en juego hasta que toca el piso.

- La bola permanece en juego aunque le pegue a las paredes, al techo, a las personas, etc.
- Los que sirven la bola deben rotar.
- El juego lo gana el primero que anote quince puntos.

Mike Vickers

PING-PONG PASADO POR AGUA

Llena con agua dos platos o recipientes llanos y coloca uno a cada lado de la malla de ping-pong, a aproximadamente 30 cm (12 pulgadas) de la malla en el centro de la mesa. Si un jugador puede meter la bolita (siguiendo las reglas regulares del juego) en el recipiente del oponente, gana el partido. Lleva la puntuación de forma regular, a menos que la bola termine en el recipiente de agua.

JUEGOS DE
VOLEIBOL

¿Qué grupo de jóvenes no disfruta de un buen juego de voleibol?
Se volverán locos con estas curiosas variaciones del deporte.
No importa el tamaño de tu grupo o de las limitaciones
de espacio, ¡aquí encontrarás alguna variación de voleibol
que se ajuste a tu necesidad!

VOLEIBOL CON LIBROS

Esta es otra adaptación a ese deporte preferido de muchos. Es lo mismo que el voleibol regular con dos excepciones. Primero, todos los jugadores deben usar un libro de tapa dura de cualquier tamaño, en lugar de sus manos, para pegarle a la bola. Segundo, debes usar una bola de tenis o de goma en lugar de la de voleibol regular. *Doug Simpson*

VOLEIBOL A OSCURAS

Si puedes poner oscuro tu gimnasio y conseguir cuatro luces negras, a tus muchachos y muchachas les encantará este juego de conjeturas y estrategia. Con pintura de spray fluorescente, pinta de verde o naranja una bola de voleibol, la parte superior de la malla y, si están usando zapatos viejos, los zapatos de los jugadores. Corta toallas o sábanas blancas viejas para usar como tiras para la cabeza y pídeles a los muchachos que traigan guantes blancos que puedas rociar con pintura. Pide a algunos voluntarios que sostengan las luces negras alrededor de la cancha en lu-

gar de usar pedestales; de esta manera pueden moverlas antes de que una bola les pegue y las rompa. Entonces, apaga las luces blancas, enciende las negras y ¡a jugar voleibol! Como las tiras de la cabeza, los zapatos y los guantes son las únicas pistas para determinar la posición de los jugadores, los equipos deben desarrollar rápidamente una estrategia para lograr pegarle a la bola y hacer los puntos correspondientes para su equipo. *David Washburn*

VOLEIBOL SENTADOS

Este puede ser un excelente juego para grupos grandes, especialmente en un día lluvioso. Divide el grupo en dos equipos. Coloca una malla de voleibol en el centro del salón, de manera que quede a una altura aproximada de 1.5 metros (5 pies) del piso. Pídele a cada jugador que se siente con las piernas cruzadas (al estilo indio) en el lado correspondiente de la cancha. Desde esta posición deben jugar un juego regular de voleibol con los siguientes cambios:
• Usa una bola de playa o una bola de goma.
• Usa solo las manos o la cabeza (no se permite usar los pies).

• Todo los servicios deben hacerse con un movimiento de la mano por encima del hombro desde el centro del equipo. La rotación lucirá algo como esto:

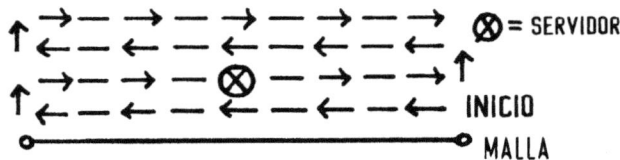

• Debido a la limitación de movimiento, se sugiere tener un número mayor de participantes (20 a 25 jugadores por equipo).
• Aplican todas las otras reglas de voleibol.
• **Voleibol a ciegas.** La malla debe ser algo sólido (sin huequitos) que divida los dos lados de la cancha y que obstruya la visión del otro equipo. Puedes usar una sábana tendida sobre una malla de voleibol regular o una cuerda. Lo que uses de división también debe llegar lo suficientemente abajo para que los no jugadores no puedan mirar por debajo. *Gerald Monroe y John Vincent*

VOLEIBOL LOCO

Si no tienes la cantidad suficiente de jugadores para un juego regular de voleibol, o si tienes algunos muchachos que no saben jugarlo, esta es una versión divertida del juego con algunas reglas nuevas:
• Cada jugador puede pegarle a la bola cuatro veces antes de pasarla sobre la malla.
• Si la bola da en el piso, se cuenta como uno de los pases.
• La bola no puede dar en el piso dos veces consecutivas.
Estas reglas mantienen la bola en juego por mucho más tiempo.
• **Voleibol loco con una sola mano.** Cuando tienes más de 18 jugadores, estos solo pueden usar una mano para pegarle a la bola.
Con esta regla, puedes tener entre 24 a 30 jugadores. Mientras más jugadores tengas, más lejos de la malla llegaran los pases. *Dallas Elder y Samuel Hoyt*

¿ESTARÉ VIENDO DOBLE?

Juega voleibol usando dos bolas. A la señal del árbitro, cada equipo sirve simultáneamente sus bolas. El juego continúa hasta que la bola toca el piso o sale fuera de la cancha. Esto significa que cada equipo puede anotar con cualquiera de las dos bolas, sin im-portar quien sirvió qué bola. También quiere decir que un equipo puede anotar dos puntos en una sola jugada.
Si quieres compensar por los tiros hacia abajo por encima de la malla de los jugadores más fuertes (sembrar la bola), usa bolas de goma en lugar de las regulares de voleibol. *Keith King y Merle Moser*

VOLEIBOL POR ELIMINACIÓN

Divide el grupo en dos equipos y juega voleibol regular con la excepción de que cualquier jugador que cometa un error o no le pegue a la bola se elimina del juego. Los equipos se van haciendo cada vez más y más pequeños. El equipo que logre sobrevivir por más tiempo es el ganador. *Judy Groen*

VOLEIBOL DE CUATRO ESQUINAS

Esta es una audaz versión del voleibol que involucra cuatro equipos jugando al mismo tiempo. Puedes ajustarlo para jugar con cuatro o con dos equipos, dependiendo del tamaño de los equipos y de la cantidad de mallas que tengas disponibles.
Acomoda las mallas siguiendo uno de los diagramas

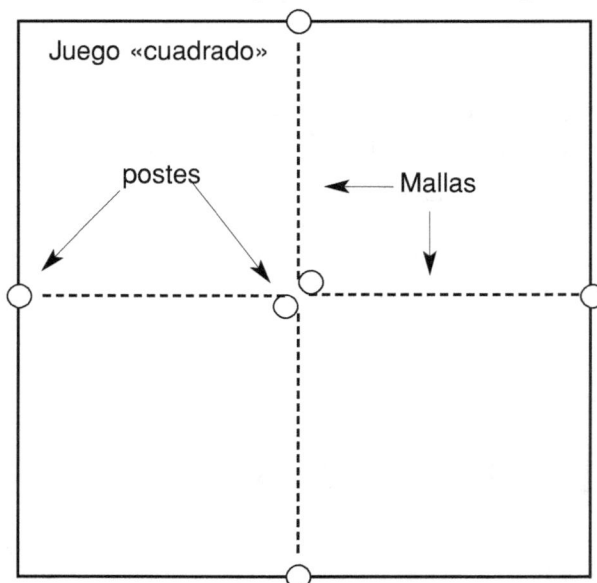

presentados. Si usas dos mallas, entonces formas dos ángulos rectos con ellas, como en el diagrama. Si usas cuatro mallas, entonces solo debes amarrarlas en un poste central, tal como se ilustra en el segundo diagrama.

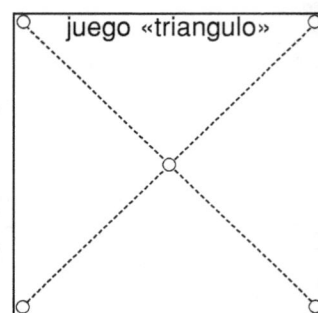

Cada equipo selecciona un lado del cuadrante. Se juega como voleibol regular, excepto que ahora los jugadores pueden pegarle a la bola hacia cualquiera de los otros tres equipos. Se puede desarrollar una estrategia interesante pues los equipos no están seguros de cuándo la bola va a llegar a su lado de la cancha.

Este juego puede adaptarse a cualquiera de los otros juegos de voleibol que se encuentran en este libro. Una vez intentes esta versión, ¡es posible que tus muchachos y muchachas no quieran jugar voleibol regular nunca más! *Ron Fay*

MALLA HUMANA

Usa una bola grande y liviana —como las de playa— y divide el grupo en tres equipos (el tercer equipo será la malla). Marca con cinta adhesiva la línea central sobre la que deben mantenerse los jugadores que formen la malla. Los otros dos equipos no deben entrar a la zona de la malla.

Luego juegas voleibol regular, excepto que la malla humana también puede jugar, ganando puntos por cada bola que puedan atrapar mientras los otros dos equipos juegan. Si la malla sencillamente saca la bola de la cancha, sin atraparla, nadie anota. Luego de cada partido, rota la posición de los equipos. *Terry Fisher*

VOLEIBOL AL AZAR

Esta rara versión del voleibol añade la emoción de lo inesperado. Divide el grupo en equipos y acomoda a los jugadores de la manera convencional. El árbitro debe pararse a algunos metros hacia fuera de la línea central de la cancha, con un recipiente que contenga boletos identificados del uno al nueve (prepara varios de cada número, y mézclalos de modo que salgan al azar). Luego de cada servicio de la bola, el árbitro saca un número y lo dice en voz alta. El equipo que recibe la bola debe pegarle esa cantidad de veces (ni más ni menos) antes de pasarla por encima de la malla. Si el equipo B tiene éxito, el equipo que está sirviendo debe hacer lo mismo. El juego continúa requiriendo la misma cantidad de pases hasta que el equipo falle. Justo antes del servicio para la siguiente jugada, el árbitro saca un segundo boleto y lo lee en voz alta, y el juego continúa de acuerdo con el número de pases que requiera el nuevo boleto. La emoción va aumentando mientras los jugadores tratan de llevar la cuenta de los pases y vas a escuchar bastantes lamentos cuando el árbitro llame el temido número uno.

Prevalecen todas las demás reglas convencionales del voleibol, pero quizás quieras añadir una chispa adicional jugando con globos llenos de agua o jugar al estilo «flamingo»; esto es, en una sola pierna. *Mark A. Hahlen*

VOLEIBOL EN CÍRCULO

He aquí una forma de jugar voleibol con un grupo enorme (24 jugadores o más al mismo tiempo). Necesitas tres mallas de voleibol, cuatro postes, cinta adhesiva para marcar los límites, dos bolas de voleibol y un árbitro.

Coloca un poste en el centro y los otros tres alrededor de este, de modo que las mallas se extiendan desde el centro como los rayos de una rueda (ver diagrama)

El círculo que se forma establece los límites de la cancha y cada segmento tiene la forma de un pedazo de pastel (las tres secciones deben ser iguales).

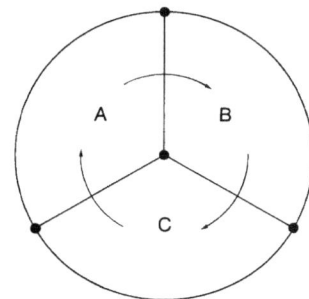

El juego es similar al voleibol regular, excepto que la bola no se devuelve sobre la malla al equipo que está sirviendo. En lugar de esto avanza al tercer equipo, que lo envía al primero, aunque puede mover la bola a favor o en contra de las manecillas del reloj. En el diagrama de arriba, A le sirve a B, quien pasa la bola a C y este, a su vez, tiene que devolverla a C, y así sucesivamente. Para mantener la diversión del juego, no permitas los tiros hacia abajo por encima de la malla (sembrar la bola). Para añadir emoción, usa dos bolas al mismo tiempo.

Como en el juego regular, las faltas incluyen: no pegarle a la bola, hacer más de tres pases en el mismo equipo antes de pasarla por encima de la malla o que un jugador le dé dos veces consecutivas a la bola. La puntuación, sin embargo, es diferente pues cada equipo recibe 25 puntos por cada error que cometa. El equipo con la puntuación más baja es el ganador. *Ed Weaver*

VOLEIBOL DE MEDIANOCHE

En lugar de empezar tu reunión con la parte recreativa, juega este juego justo después de la puesta del sol. Comienza el juego de voleibol poco antes que oscurezca, jugando de la forma acostumbrada, has que oigas un «¿dónde está la bola?». Entonces el juego se transforma en *Voleibol de medianoche*.

• El juego es a cinco puntos y ganas por uno.
• Una persona (o un equipo) puede pegarle a la bola todas las veces que quiera siempre y cuando la bola no caiga al piso.

Juega los mejores dos juegos de tres, si pueden aguantar tanto y los padres le permiten a los chicos estar afuera hasta tan tarde. Se mezclan la frustración y el ánimo cuando solo la suerte ciega determina quiénes son los ganadores. *Vernon A. Edington*

VOLEIBOL MODIFICADO

Se juega en una cancha de voleibol que cumpla con las regulaciones del deporte, y con las mismas reglas con respecto a los puntos y los límites. Sin embargo, las reglas para jugar y las estrategias son bastantes distintas al voleibol tradicional. Las siguientes modificaciones hacen que el juego se ajuste mejor a los jugadores con menos destrezas en las técnicas del voleibol y son un nuevo reto para los jugadores acostumbrado a practicar este deporte.
• Cada equipo puede tener entre cuatro a doce jugadores.
• No se permite sembrar la bola al pasarla por encima de la malla.
• Un jugador no puede darle a la bola dos veces consecutivas. Si un jugador le da a la bola, y la deja rebotar una o dos veces, ese jugador puede darle a la bola una vez más antes de que otro jugador tenga que darle. En otras palabras, los rebotes en el piso no interrumpen la sucesión de pegadas de un jugador.
• Cualquier persona en la última línea puede servir la bola.
• Se sugiere la rotación pero no es obligatoria.

Puedes pedir que cada equipo use los cinco pases y dos rebotes en cada jugada para involucrar la mayor cantidad de jugadores posibles y que se desarrollen estrategias adicionales para ganar el juego. *Ed Merrill*

UN NUEVO VOLEIBOL

Un nuevo voleibol se juega como el voleibol tradicional pero el sistema de puntuación no es el tradicional.

El objetivo del juego es hacer pases con la bola la mayor cantidad de veces posibles cada vez que cruce por encima de la malla, devolverla por encima de la malla y esperar que el otro equipo no pueda darle. Un equipo puede volear la bola la mayor cantidad de veces posibles sin cometer faltas o fallar (hasta 50 veces) antes de golpearla otra vez por encima de la

malla. Si el otro equipo falla, el primer equipo recibe tantos puntos como voleadas haya hecho antes de haber pasado la bola. Todo el equipo debe contar en voz alta todas las voleadas o deben hacerlo los jugadores a los lados de la cancha. Esto ayuda en el proceso de puntaje y también ayuda a crear tensión. Otras reglas:
• Ninguna persona puede pegarle a la bola dos veces consecutivas.
• La bola no puede ir de un lado para el otro entre dos jugadores. El jugador A la pasa al jugador B, pero el jugador B debe pasarla a un jugador C.
• El equipo que está sirviendo recibe cinco puntos si el equipo contrario no devuelve el saque.
• El equipo que está recibiendo el saque recibe cinco puntos si el equipo que está sirviendo no pasa la bola por encima de la malla (fuera de la cancha, si se queda en la malla, etc.)
• Los jugadores rotan en cada servicio, aun si el equipo que está sirviendo anota en saques consecutivos.
• El juego dura quince minutos.
• Gana el equipo con más puntuación. *Norma Bailey*

PRISIONERO DE VOLEIBOL

En esta versión de voleibol no se necesita ninguna destreza especial para el deporte; solo debes saber atrapar una bola. Dos equipos iguales asumen sus posiciones a ambos lados de la malla. Un equipo comienza diciendo el nombre de un jugador del equipo contrario, luego tiran o le pegan a la bola. Si al otro equipo se le cae la bola, ese jugador se convierte en prisionero y debe salir del juego. El equipo puede «liberarlo» si grita: «Prisionero» y le da a la bola de tal manera que el otro equipo no pueda atraparla. El objetivo es encarcelar a todos los miembros del equipo contrario. Una variación es permitir que los prisioneros se unan al equipo que los «arrestó». *David Coppedge*

VOLEIBOL CON LUZ DE DISCOTECA

Trata de jugar el voleibol tradicional o el de cuatro esquinas usando una de esas luces que prenden y apagan muy rápido que usan en las discotecas (disponibles en tiendas de electrónicos). Es sorprendente lo difícil que se vuelve el tratar de mantener algún sentido de coordinación. Seguramente los muchachos intentarán, sin éxito, de pegarle a la bola. *Bill Aldridge*

VOLEIBOL «A LA SÚPER HOMBRE»

He aquí otra manera de añadir algo nuevo al tradicional voleibol. Simplemente juega siguiendo las reglas normales, pero infla la bola usando helio. La bola no va a flotar, pero ¡tienes que ver lo alto que sube! Todos se sentirán como «SúperHombre». Quizás necesites un área de juego más grande para que se ajuste a la gran altura que alcanza la bola. *Doug Newhouse*

BOLICHE Y VOLEIBOL

Este es un juego de mucho movimiento que se ajusta a todas las edades, pero es particularmente divertido para los más jovencitos. Necesitas dos bolas de voleibol, dos pinos (bolos) de boliche y un área de juego amplia (bajo techo o en exteriores).

Divide el grupo en dos equipos iguales y pídeles que elijan a un «guardapinos». Luego acomódalos en dos filas, mirándose unos a otros, con cerca de 4.5 m (15 pies) de distancia entre ellos. Coloca un bolo a una distancia de más o menos 3 metros (10 pies) de la primera persona en la fila y pídele al «guardapinos» que se pare detrás del pino de su equipo.

Cuando des la señal, la primera persona en cada fila intenta tumbar el bolo de su equipo, ya sea tirando o rodando la bola. Si lo logra, el equipo recibe un punto. El guardapinos coloca el pino otra vez en su sitio y le tira la bola al próximo jugador en la fila. Si no tumba el bolo, no se anotan puntos y el guardapinos debe darle la bola al siguiente jugador en la fila. Luego de cada intento el jugador pasa al final de la fila. Los miembros de los equipos se mantienen rotando de esta manera y lo más rápido posible hasta que se termine el tiempo que hayas establecido (usualmente cinco minutos). Gana el equipo con más puntos.

La emoción del juego aumenta si los jugadores se mantienen gritando sus puntuaciones cada vez que tumben el pino. Para hacerlo más complicado, usa bolas que no estén totalmente infladas o dos bolas por equipo (¡un dolor de cabeza para los guardapinos!); o pídeles a los jugadores que lancen la bola, doblándose y pasándola entre sus piernas. *Mark A. Hahlen*

JUGADOR «VENDÍO»

Forma dos equipos de cuatro o más jugadores en cada uno. Usa una bola de voleibol y una cancha y malla que cumpla con las regulaciones del deporte. Juega el tradicional voleibol pero con esta diferencia: El jugador que cometa un error que le cueste el servicio o un punto a su equipo, se pasará al equipo contrario.

Esto se convierte en un acto casi heroico cuando un equipo se queda con uno o dos jugadores y tiene que enfrentarse a un oponente que tiene diez u once jugadores. *Greg Miller*

VOLEIBOL CON LOS PIES

Esta es una variación de voleibol que entretendrá a tus jugadores desde la cabeza hasta los pies... ¡literalmente! Se juega siguiendo la mayoría de las reglas del voleibol tradicional, excepto una gran diferencia: la malla se baja hasta dejar apenas entre 30 a 60 cm (1 o 2 pies) del piso, y los jugadores usan solo sus pies para patear la bola por debajo de la malla. Aplican las mismas regulaciones con respecto a las jugadas fuera de las líneas, la rotación de los jugadores, tres pateadas máximo por equipo, etc.

El servicio (saque) es como sigue: los jugadores en ambos equipos se paran hacia el lado para permitir que la bola llegue hasta la línea posterior del equipo contrario, viajando por debajo de la malla.

Luego que un jugador de la línea posterior le pega a la bola, los jugadores de ambos equipos regresan a sus posiciones originales y siguen jugando regularmente. Si un jugador en la primera línea del equipo que está sirviendo toca la bola antes de que pase por debajo de la malla, se elimina. Si un jugador en la línea frontal del equipo que recibe el pase toca la bola antes de que llegue a la línea posterior, el equipo que sirve anota un punto. Si la línea posterior del equipo que recibe el saque deja que la bola salga de las líneas sin haberla tocado, el equipo que sirve recibe un punto. Cuando un jugador patea la bola por encima de la malla, se considera fuera de juego o representa un punto para el equipo contrario. Los juegos se juegan hasta 7, 15 o 21 puntos, dependiendo del tiempo que tengas.

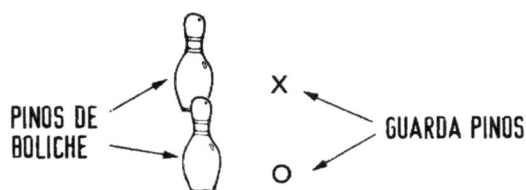

EQUIPO A   X X X X X X X

EQUIPO B   O O O O O O O

PINOS DE BOLICHE → →   X → ← GUARDA PINOS   O →

Al principio los muchachos encontrarán el juego un tanto confuso, necesitarán acostumbrarse a usar la parte lateral de sus pies para pegarle a la bola (al estilo fútbol). También tienes la opción de usar una bola de goma y cinta adhesiva para marca los límites de la cancha si lo que tienes disponible es un salón pequeño. *Michael W. Capps*

VOLI-TENIS

Voli-tenis se juega en una cancha de tenis usando una bola de voleibol. Es un excelente juego para todos los que quieran jugar y no se necesitan habilidades atléticas especiales. El saque o servicio es igual que en el voleibol regular, parándose detrás de la línea en cada lado de la cancha. Pero el equipo que recibe el servicio debe dejar que la bola dé en el piso antes de poder tocarla. Pueden volearla hasta tres veces antes de pasarla por encima de la malla, pero la bola debe tocar la cancha entre cada voleo. El juego se juega a 15 puntos y solo el equipo que está sirviendo puede anotar. Las golpeadas en línea son válidas. Este juego es más divertido cuando hay por lo menos una docena de jugadores en cada equipo. *Ralph Bryant*

¿ADÓNDE SE FUE LA BOLA?

En una cancha de baloncesto o voleibol y con una malla de voleibol entre ambos equipos, dos equipos contrarios juegan voleibol pero con una bola de las que se consiguen recubiertas de tela.
Como mantener control de la bola es un tanto difícil, cada equipo tiene hasta diez oportunidades de volear la bola antes de tener que pasarla sobre la malla. Similar al voleibol regular, un equipo anota puntos cuando su oponente (1) le da a la bola más de diez veces, (2) permite que la bola dé en el piso, (3) provoca que la bola le pegue al techo o a las luces, (4) saca la bola fuera de los límites de la cancha. Puedes preparar una bola de este tipo cubriendo un globo inflado con varias capas de cinta adhesiva. *Phil Blackwell y Kevin J. Bueltmann*

DE REBOTE

Este es un juego excelente para los jugadores más jovencitos, así como un gran reto para los atletas de tu grupo. Baja la malla de voleibol hasta que la parte inferior toque el piso o juega en una cancha de tenis. Usa una bola de goma que rebote mucho (como las que usan los niños pequeños). En muchas maneras, este juego se parece al voleibol tradicional: la rotación de seis jugadores en cada equipo, la puntuación, no más de tres voleos por equipo antes de pasar la bola, ningún jugador puede pegarle a la bola dos veces consecutivas.
He aquí las diferencias: los jugadores que sacan la bola hacen que esta rebote una vez en el piso antes de que pase por encima de la malla. Los compañeros de equipo pueden ayudar a que un saque rezagado pase por encima de la malla. La bola debe rebotar una vez (aunque no es indispensable) antes de que un equipo pueda devolverla, al igual que entre los dos o tres voleos que hace el equipo antes de devolver la bola sobre la malla. *Julie D. Anderson*

DISFRUTE DE OTRAS PUBLICACIONES DE EDITORIAL VIDA

Desde 1946, Editorial Vida es fiel amiga del pueblo hispano a través de la mejor literatura evangélica. Editorial Vida publica libros prácticos y de sólidas doctrinas que enriquecen el caudal de conocimiento de sus lectores.

Nuestras Biblias de Estudio poseen características que ayudan al lector a crecer en el conocimiento de las Sagradas Escrituras y a comprenderlas mejor. Vida Nueva es el más completo y actualizado plan de estudio de Escuela Dominical y el mejor recurso educativo en español. Además, nuestra serie de grabaciones de alabanzas y adoración, Vida Music renueva su espíritu y llena su alma de gratitud a Dios.

En las siguientes páginas se describen otras excelentes publicaciones producidas especialmente para usted. Adquiera productos de Editorial Vida en su librería cristiana más cercana.

Vida®

Lecciones bíblicas creativas de la vida de Jesús

En Lecciones bíblicas creativas de la vida de Jesús encontrarás 12 lecciones sólidas y listas para usar acerca del breve ministerio de Jesús aquí en la tierra. Estas lecciones harán que aprender sea más divertido y llevarán a tus alumnos al punto central: Cuán relevante y oportuna es la vida de Jesús en realidad.

0-8297-3671-9

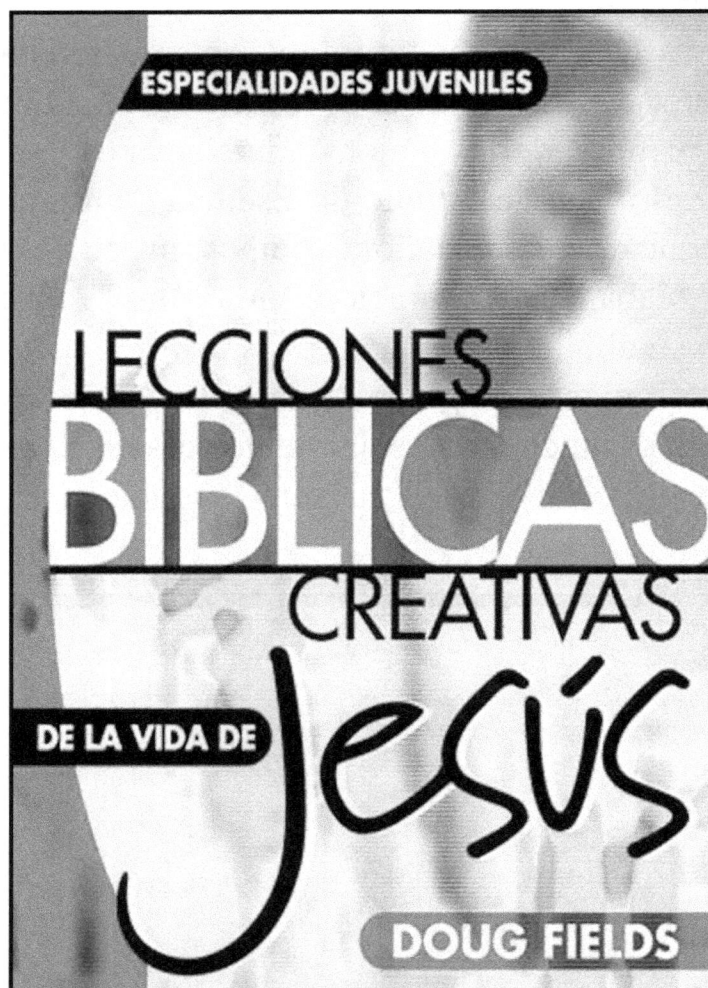

Una vida con propósito

Rick Warren, reconocido autor de *Una Iglesia con Propósito*, plantea ahora un nuevo reto al creyente que quiere alcanzar una vida victoriosa. La obra enfoca la edificación del individuo como parte integral del proceso formador del cuerpo de Cristo. Cada ser humano tiene algo que le inspira, motiva o impulsa a actuar a través de su existencia. Y eso es lo que usted podrá descubrir cuando lea las páginas de *Una vida con propósito*.

0-8297-3786-3

El código del campeón

El código del campeón contiene la esencia de los mensajes expuestos por Dante Gebel en su carrera evangelística, a lo que se suman brillantes historias que desafían tu vida de manera radical. Este libro es para aquellos que sufren de «insatisfacción santa», o como diría el mismo autor: Los que poseen una doble dosis de ambición espiritual. Es una obra literaria que formará parte de la historia de todos aquellos que desean marcar significativamente este planeta.

0-8297-3829-0

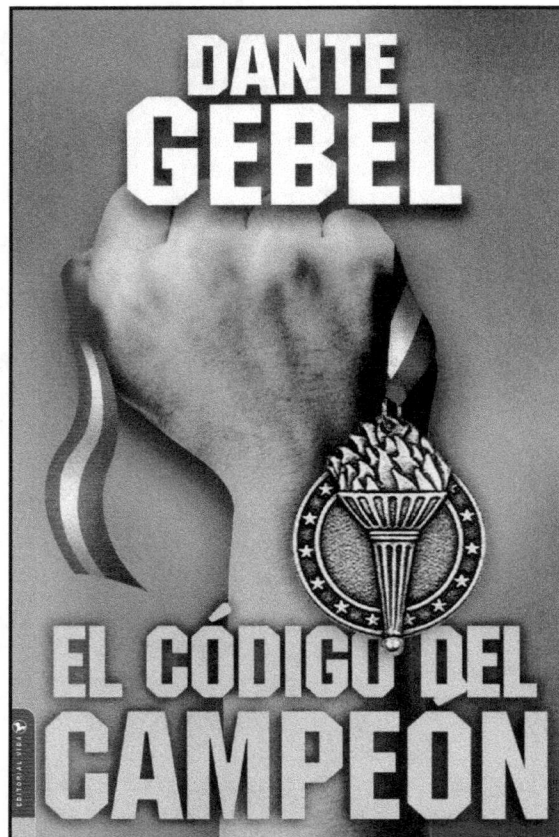

Ministerio Juvenil Efectivo

El propósito de este libro es proponer estrategias, ideas y principios para desarrollar un liderazgo juvenil inteligente, compartiendo lo esencial del ministerio juvenil efectivo. Los líderes juveniles tienen un increíble potencial en sus manos. Una riqueza que debe ser administrada con sabiduría, perspicacia e inteligencia. Esta obra los ayuda a aprovechar ese potencial de una manera eficaz.

978-0-8297-5508-4

151 Encuentros con el Rey

151 Encuentros con el Rey es una colección de historias inspiradoras que animan al joven a acercarse a su Creador de manera sencilla, pero con un alto contenido cristiano, para así mantener una relación íntima de calidad. Cada historia concluye con dos secciones diseñadas para fundamentar mejor su relación con Dios.

0-8297-3791-X